Dirceu Scali Junior

Dedim de prosa

sobre a criação em Guimarães Rosa

LETRAMENTO

Diretor Editorial | **Gustavo Abreu**
Diretor Administrativo | **Júnior Gaudereto**
Diretor Financeiro | **Cláudio Macedo**
Coordenador Editorial | **Luís Otávio**
Logística | **Vinícius Santiago**
Assistente Editorial | **Laura Brand**
Revisão | **LiteraturaBr Editorial**
Capa, Projeto Gráfico e Diagramação | **Gustavo Zeferino**

Referência para citação

SCALI JUNIOR, Dirceu Antonio. Dedim de prosa sobre a criação em Guimarães Rosa. Belo Horizonte (MG): Letramento, 2018.

Dados Internacionais de Catalogação na Publicação (CIP)
Bibliotecária Juliana Farias Motta CRB7- 5880

S121d Scali Junior, Dirceu

Dedim de prosa sobre a criação em Guimarães Rosa /
Dirceu Antonio Scali Junior. -- Belo Horizonte(MG): Letramento, 2018.

84 p. 14 x 21 cm.

Inclui referências

ISBN: 978-85-9530-143-6

1. Rosa, João Guimarães, 1908-1967 – Crítica e interpretação.2. Criação (Literária, artística, etc.) I. Título.

CDD B869.3

Belo Horizonte - MG
Rua Magnólia, 1086
Bairro Caiçara
CEP 30770-020
Fone 31 3327-5771
contato@editoraletramento.com.br
grupoeditorialletramento.com
casadodireito.com

Grupo Editorial Letramento

Agradecimentos

Ao agradecermos, sempre corremos os riscos de esquecimentos, então, antes de agradecer, quero me desculpar com os não citados. Agradeço:

À minha primeira referência de Minas Gerais, minha mãe d. Lázara, quem me ensinou o significado e a amplitude da palavra Amor.

Ao Professor Doutor Renato Mezan, pelos ensinamentos, disponibilidade para as boas discussões teóricas e grande generosidade na orientação desta pesquisa.

À Ana Lúcia, pela melhor alegria (Dedé) e por ter sempre estado presente nos momentos mais cruciais.

À(o)s amiga(o)s dos cafés-papos-pós-aulas: Cláudia Suannes, Ana Marzola, Liz Mirim, Ana Pita, Lizette Weissmann, Rachele Ferrari, Berta Hoffmann, Roberta Linaris, Elisa Cintra, Denise Scaff, Marina Ribeiro, Gina Tamburrino, Sérgio Prudente, Cris Valli (e família, muito carinho), e tanta gente mais...

Aos caros Pelópidas, Mônaco, Zanetti, Leandro, pelo apoio e pelas boas discussões sobre Ciência e Sabedoria.

Aos queridíssimos amigos Francisco e Lúcia, pelas fundamentais conversas sobre teorias e, principalmente, sobre a vida...regadas de licores caseiros, vinhos... e a natureza por cenário.

À querida amiga d. Vilma e família, pelas conversas sobre presente e futuro, sempre tão reconfortantes.

À Laura Brand, da editora Letramento, pela atenção e cuidado na produção deste livro. E à Mila Leme, pelas vinhetas (buriti e carcaça).

Ao CNPq, pelo auxílio a essa pesquisa.

"Nada em rigor tem começo e coisa alguma tem fim, já que tudo se passa em ponto numa bola; e o espaço é o avesso de um silêncio onde o mundo dá mais voltas."

Guimarães Rosa "A estória do homem no pinguelo."

SUMÁRIO

INTRODUÇÃO

Esse trabalho surgiu a partir de um questionamento acerca dos processos de criação na arte e especificamente da relação estabelecida entre autor e obra, obra vista aqui não apenas como objeto já realizado, mas principalmente em sua origem.

Diante da pergunta: "como um escritor cria?", adveio a necessidade de inicialmente se "observar" um criador, no nosso caso, por razões não menos que de gosto pessoal, foi escolhido, principalmente por ser considerado um dos mais criativos da língua portuguesa tanto pela capacidade de fabulação quanto pela habilidade para manejar a linguagem, o escritor mineiro João Guimarães Rosa.

Pergunta inicial: Como "observar" este criador? Resposta imediata: "olhando" para ele procurando captar o momento do gesto criador inicial de sua obra. Assim, surgiu a ideia de se fazer uma biografia, mas com a ideia veio também a dúvida: ao realizar uma biografia não se estaria, ao mesmo tempo, não apenas recriando a pessoa João Guimarães Rosa, mas também criando um personagem?

O primeiro capítulo foi uma tentativa de resposta a essa pergunta. Nele, dialogamos principalmente com os autores Antonio Candido e Pierre Bourdieu, que nos aclarou o problema, porém quem nos deu uma resposta possível foi Merleau-Ponty, já que, ao lançarmos um olhar fenomenológico sobre Rosa desde diversas biografias, pudemos entrar em contato com um visível do autor que se sobressaiu de dentro de toda invisibilidade que contém em si tantas possibilidades, não menos válidas que a nossa, de se "olhar" para o autor de *Grande Sertão:* Veredas.

Respondida a questão inicial e encontrada uma justificativa satisfatória, apesar de não única, deu-se início à feitura da biografia, capítulo *Algumas histórias*, uma espécie de olhar para o autor que foi constituído a partir mesmo dos outros olhares, seus biógrafos anteriores, como sua filha Vilma Guimarães Rosa, seu tio Vicente Guimarães (o vovô Felício, da literatura infantil), dentre vários outros.

Ao se realizar a biografia, descortinou-se diante de nós não apenas o escritor ou a personagem Guimarães Rosa (como às vezes ele mesmo se via, exemplos dele e de Borges no final do capítulo *Uma dúvida biográfica*), mas um "campo" complexo de possibilidades de "leitura" do fenômeno, que foi o autor abordado por nós.

Nesse ponto, no capítulo *"Esta obra por fazer exigia esta vida por viver"*, Merleau-Ponty acorreu novamente em nosso socorro, proporcionando algumas chaves para se pensar como se daria a criação, desde o impulso inicial como "gesto criativo pré-reflexivo", até a efetivação em obra.

Não foi nosso interesse estabelecer correlações diretas entre pontos específicos da vida do autor e suas correspondências na obra, mesmo que as hajam em demasia, tais como a descrição da descoberta da miopia de Miguilim, na novela de *Corpo de baile*, "Campo geral", aliás uma das preferidas de Rosa, e a mesma deficiência visual do autor, descoberta ao acaso em sua infância em Cordisburgo. Como essa, poderíamos elencar uma infinidade de correspondências, porém esse não será nosso foco. O que tentamos, sim, foi "capturar", se é que se pode usar essa expressão – talvez o melhor fosse "entender" – o momento de criação, seu *gesto original*, bem como algumas de suas decorrências.

UMA DÚVIDA BIOGRÁFICA

Falar do processo de criação em Guimarães Rosa pressupõe-se, inicialmente, saber quem é esse sujeito que cria. Alguém produz uma obra, caso queira saber como essa obra é produzida (não realizando uma leitura formalista, é claro) tenho, de certa maneira, de saber sobre esse sujeito criador.

Para tanto, fundamental é fazer uma biografia do autor a ser estudado, mas aí começam os problemas, pois fazer uma biografia, neste caso, não deixa de ser criar o criador, ou seja, o biografado sai da categoria de pessoa e passa à de personagem. E o biógrafo sai da categoria analista e torna-se criador. Assim, fazer uma biografia é re-criar o eu-criador por meio da narração dos fatos vividos pelo eu-pessoa. Vejamos o que isso quer dizer.

Antonio Candido (1987) nos mostra, em seu texto "Personagem no romance", quais são os pressupostos essenciais para a criação de personagens. Uma questão inicial é saber o que diferencia personagem de pessoa. Por que, ao ler um livro, fica-nos a sensação de realidade quanto à personagem, ou seja, o que faz com que uma personagem imprima em nós a impressão de realidade, de pessoa.

Há casos clássicos de confusões, tais como o general que no teatro atira em Otelo dizendo que enquanto ele for vivo nenhum mouro vai maltratar uma cristã. Esse general, ao atirar em Otelo, mata o ator e não a personagem, como ele imaginava. Ou, por exemplo, o ator que é bem ou maltratado na rua porque desempenha esse ou aquele papel.

Candido nos diz que o que atribui esse caráter de verdade à personagem é a verossimilhança (conceito desenvolvido por Aristóteles em sua *Poética*). Segundo esse crítico literário,

> (...) a verossimilhança (...) depende desta possibilidade de um ser fictício, isto é, algo que, sendo uma criação da fantasia, comunicar a impressão da mais lídima verdade existencial (p. 55).

Para falar das afinidades e diferenças entre ser fictício e ontológico, Candido aponta inicialmente para as noções de continuidade e descontinuidade, a primeira referindo-se à personagem e a segunda à pessoa.

Ora, ao concebermos uma pessoa não conseguimos abarcar sua existência a não ser de forma fragmentada, as pessoas se mostram a nós dessa ou daquela maneira, neste ou naquele momento, dependendo desse ou daquele lugar.

Já a personagem se nos apresenta de forma contínua ou em sua totalidade, por exemplo, quando terminamos a leitura de um romance temos a impressão de conhecer a personagem no seu todo, essa, nesse sentido, tem uma certa rigidez em sua composição, mesmo que fique a dúvida se Capitu traiu ou não Bentinho, essa dúvida faz parte da própria constituição da personagem, trair ou não faz parte do todo que é Capitu.

Para Candido, a pessoa, por sua vez, só poderá ser conhecida em seu todo após sua morte (Aí então fazemos sua biografia, que é uma escrita que tenta abarcar o todo da pessoa/personagem.):

> A morte é um limite definitivo de seus atos e pensamentos, e depois dela é possível elaborar uma *interpretação* completa, provida de mais lógica, mediante a qual a pessoa nos aparece numa unidade satisfatória, embora o mais das vezes arbitrária (p. 64).

O romance moderno tenta criar personagens os mais fragmentados possíveis na intenção de aproximar essa fragmentação do real, veja, por exemplo, Leopold Bloom, no *Ulisses*, de James Joyce, ou as personagens de Proust. Nesse caso, a verossimilhança se dá na unificação do fragmentário pela organização do contexto. Assim, temos a impressão de que o *homo fictus* carrega em si algo que caracteriza o *homo sapiens*, daí tomarmos um pelo outro.

Candido vai citar Mauriac, que propõe formas de se classificar personagens de acordo com sua aproximação/afastamento da realidade: por exemplo, cópia fiel de pessoas reais (romances retratistas), disfarce leve do romancista (romances memorialistas), personagens *inventadas,* personagens *copiadas* de seres existentes etc., e à continuação vai mostrar outras maneiras de se criar personagens mantendo sempre em vista essa aproximação ou afastamento da realidade do autor. E para concluir diz que:

> Em todos esses casos, o que se dá é um trabalho criador, em que a memória, a observação e a imaginação se combinam em graus variáveis, sob a égide das concepções intelectuais e morais. O próprio autor seria incapaz de determinar a proporção exata de cada elemento, *pois esse trabalho se passa em boa parte nas esferas do inconsciente e aflora à consciência sob formas que podem iludir* (p. 74, grifos meus).

Esse trabalho que se dá na inconsciência constitui-se de certa maneira em problema para o biógrafo, já que fica sempre a questão de o que pertence ou o que é criação do biógrafo e o que realmente pertence ao biografado, conquanto esse passa a ser personagem daquele.

Bourdieu, em seu texto "A ilusão biográfica" (1996), nos aponta para uma concepção de certa maneira análoga a Candido ao se referir à biografia como uma espécie de ilusão, já que realizar uma biografia é ordenar o fragmentado, dando a este uma ilusão de totalidade.

Fala-nos de um ser biológico (que se estrutura de acordo com sua vivência física, por exemplo) e um social (que se desenvolve segundo sua *posição* na sociedade), fazendo assim uma bipartição entre o fragmentário do ser e o totalizante da criação biográfica.

> Produzir uma história de vida, tratar a vida como uma história, isto é, como a narrativa coerente de uma sequência significativa e coordenada de eventos, talvez seja ceder a uma ilusão retórica, a uma representação comum da existência que toda uma tradição literária não deixou e não deixa de reforçar (BOURDIEU, 1996, p. 76).

Nesse sentido, a argumentação de Bourdieu se assemelha àquela de Candido acerca da continuidade da personagem *versus* descontinuidade da pessoa.

Essa ilusão retórica em seu entender é a tendência de se "identificar a normalidade com a identidade entendida como constância de si mesmo de um ser responsável (...) previsível, ou inteligível, como uma história bem construída" (p.186), dispondo, dessa maneira, de todos os artifícios (ou instituições) de "totalização e unificação do eu".

Nesse sentido, ele cita como exemplo o *nome próprio*, que se mantém como unificador, como algo de fixo dentro de um mundo fluido. O nome remete sempre ao "mesmo objeto em qualquer universo..." constituindo, pois, como uma "identidade social constante e durável que garante a identidade do indivíduo biológico" (p. 186) nos campos em que atua como agente social.

Não é difícil notar as semelhanças entre Candido e Bourdieu, um falando de um ser ontológico/ficcional e o outro de um ser biológico/social, ambos chegando de certa maneira a conclusões próximas acerca do real e do imaginário, na criação da personagem e de um ser biográfico. Pignatari (1996, p. 14) também aponta para essa síntese ao dizer que a "Biografia é um romance documental e documentado, o romance tem muito de biografia imaginária".

Ora, ao realizar uma biografia de Guimarães Rosa, necessariamente estarei não apenas elencando fatos da vida desse autor, como também re-criando história e personagem, e, ao fazê-lo, de certo modo, estarei trazendo o ser descontínuo para dentro da continuidade (Candido) ou o fragmentado para dentro do totalizante (Bourdieu).

Dessa maneira, como imaginar o processo criador de um autor que a partir de minha criação se torna personagem? Ou seja, Personagem cria?

Para tentar resolver essa equação, pensemos na sequência eu-pessoa/eu-criador/criação/obra (leitor). O eu-pessoa engendra "um" eu-criador que produz a obra. Esta, portanto, para existir, precisa necessariamente do eu-criador que, por sua parte, não existe sem o eu-pessoa. Este, por sua vez, prescinde da existência dos outros dois. Como disse, fazer uma biografia é tentar criar ou re-criar o eu-criador por meio da narração dos fatos vividos pelo eu-pessoa.

Nesse sentido, quem cria, o eu-pessoa ou o eu-criador? Acredito que possamos pensar em dois momentos, aquele do eu-pessoa concebendo o eu-criador e o do eu-criador concebendo a obra, sendo a própria criação (apontada no esquema) o momento ou o processo de criação nessa obra.

Coloquei o leitor entre parênteses no esquema por este não participar da criação, que vou denominar primária, que é aquela que envolve o ato primeiro da criação da obra. A meu ver, o leitor é uma espécie de criador secundário no sentido de re-criar a obra no momento da leitura. Como bem diz Chaia (1996, p. 81-2):

> O leitor processa (...) uma segunda reescrita da vida do biografado, usurpando a experiência alheia (seja como enriquecimento individual ou até como avanço de pesquisas sociais) e facilitando o processo de compreensão do mundo(...).

Voltamos, pois, à questão da possibilidade de se estudar o processo de criação a partir de uma construção biográfica de um autor que se torna personagem no momento da feitura da biografia. Deixemos que o próprio Guimarães e também Borges legitimem essa possibilidade ao mostrarem a noção difusa que têm de si mesmos como eu-pessoa e como eu-criador:

> Às vezes, quase acredito que eu mesmo, João, seja um conto contado por mim (Entrevista ao tradutor alemão, Gunter Lorenz).
>
> Vivi no infinito; o momento não conta. Vou lhe revelar um segredo: creio já ter vivido uma vez. Nesta vida também fui brasileiro e me chamava João Guimarães Rosa (Id. Ibid.).

Em seu livro, *O fazedor* (ed. Globo), Jorge Luis Borges nos diz:

> *Borges e Eu*
>
> A outro, a Borges, é que as coisas acontecem. Eu caminho por Buenos Aires e me detenho, talvez já mecanicamente, para olhar o arco de um saguão e uma porta envidraçada; de Borges tenho notícias pelo correio e vejo seu nome numa lista

de professores ou num dicionário biográfico. Eu gosto dos relógios de areia, dos mapas, da tipografia do século XVII, das etimologias, do sabor do café e da prosa de Stevenson; o outro compartilha essas preferências, mas de um modo vaidoso que as converte em atributos de um ator.

Seria exagerado afirmar que nossa relação é hostil; eu vivo, eu me deixo viver, para que Borges possa tramar sua literatura, e essa literatura me justifica. Pouco a pouco vou lhe cedendo tudo, ainda que eu conheça seu perverso costume de falsear e magnificar. Anos atrás, tentei me livrar dele, e passei das mitologias do subúrbio para os jogos com o tempo e com o infinito, mas agora esses jogos são de Borges e terei de imaginar outras coisas. Assim, minha vida é uma fuga e tudo perco e tudo é do esquecimento ou do outro.

Não sei qual dos dois escreve esta página.

Como se percebe, há uma certa dificuldade em se escrever e analisar uma biografia. Porém, Merleau-Ponty nos justifica na medida em que nos aponta a impossibilidade de se conhecer a realidade por completo, pois o que nos é permitido ver é apenas parte dessa realidade, ou seja quando algo é visível para mim é porque está assentado sobre um fundo de invisibilidade, que constitui e sustenta aquele visível.

Ao criar uma biografia, parto de alguma maneira de algo visível, documentos, livros etc., que mantém um lado do biografado à minha frente, de um determinado ponto de vista e como este lado não é único, ele acaba por justificar os outros, que eventualmente não aparecem.

As citações de Rosa e Borges nos mostram que mesmo esses autores falando de si são invadidos pela sensação de estarem criando um personagem, ou melhor, sentem como se o eu-criador fosse outro diferente do eu-pessoa, porém ao invés de se excluírem, um acaba por justificar a existência do outro.

ALGUMAS HISTÓRIAS

UMA VIDA NO MEIO DO REDEMOINHO

No dia 27 de junho de 1908, o Brasil viu nascer um de seus mais importantes escritores, aproximando-nos mais, vemos Minas Gerais recebendo seu ilustre filho e, chegando-se "demais de perto", Cordisburgo dando à luz a alguém que a iluminaria e a poria em relevo no mapa do país. Falamos de João Guimarães Rosa.

Em uma de suas últimas páginas, o discurso de posse à Academia Brasileira de Letras, Guimarães assim se expressava ao falar de sua cidade natal:

> Cordisburgo era pequenina terra sertaneja, trás montanhas, no meio de Minas Gerais. Só quase lugar, mas tão de repente bonito: lá se desencerra a Gruta do Maquiné, milmaravilha, a das fadas; e o próprio campo, com vaqueiros, cochos de sal ao gado bravo, entre gentis morros ou sob o demais de estrelas, falava-se antes: *'os pastos da Vista Alegre* (ROSA, 1968, p. 57).

Cordisburgo, "lugar do coração", nesta pequena cidade mineira Guimarães Rosa passou seus primeiros anos, entre brincadeiras com sabugos de milho, transformados em carros de boi, criação de animais de estimação, coisa que o menino Joãozito muito apreciava, bem como as invenções de estórias,

> Desde menino, muito pequeno, eu brincava de imaginar intermináveis estórias, verdadeiros romances; quando comecei a estudar Geografia - matéria de que sempre gostei - colocava as personagens e cenas nas mais variadas cidades e países; um faroleiro, na Grécia, que namorava uma moça no Japão, fugiam para a Noruega, depois iam passear no México ... coisas desse jeito, quase surrealistas (GUIMARÃES, 2006, p. 39).

O gosto pelos livros, como também pelos idiomas, começou bem cedo. Iniciou a alfabetização com as aulas de mestre Candinho e os primeiros idiomas, o francês e o holandês, lhes são ensinados por frei Canísio Zoetmulder, frade franciscano holandês. Conta-se que por volta dos seis anos lê seu primeiro livro em francês, *Les femmes qui aiment.* Diz-se que com esse frade discutia estratagemas da Primeira Grande Guerra, sempre contando com a vitória dos aliados, abriam mapas da Europa e marcavam as posições das tropas, e eis que num certo dia Joãozito sugeriu determinada estratégia que, se posta em prática, daria a vitória aos aliados, o que realmente mais tarde se efetivou, para o espanto do amigo frade.

Era uma criança aficionada à leitura, não era raro vê-lo com um livro aberto sobre as pernas (dobradas à Buda, e batucando sobre o livro com uns pauzinhos ao ritmo da leitura), o que por vezes irritava seu Florduardo Pinto Rosa (seu Fulô), pai do menino:

> Seu pai, de bom coração, mas rude, não compreendia um menino, no seu entender já marmanjo, que só vivesse de livro nas mãos, vagabundo assim sendo, sem procurar o de-que-fazer. Muitas vezes, Joãozito foi punido pelo pai para deixar o livro e caçar serviço (GUIMARÃES, 2006, p.39).

Daí a declaração um tanto amarga, mais tarde, sobre esse período da infância:

> Não gosto de falar da infância. É um tempo de coisas boas, mas sempre com pessoas grandes incomodando a gente, intervindo, estragando os prazeres. Recordando o tempo de criança, vejo por lá um excesso de adultos, todos eles, mesmo os mais queridos, ao modo de soldados e policiais do invasor, em pátria ocupada. Fui rancoroso e revolucionário permanente, então. Já era míope e nem mesmo eu, ninguém sabia disso. Gostava de brincar sozinho e de brincar de Geografia. Mas, tempo bom de verdade, só começou com a conquista de algum isolamento, com a segurança de poder fechar-se num quarto e trancar a porta. Deitar no chão e imaginar histórias, poemas, romances, botando todo mundo conhecido como personagem, misturando as melhores coisas vistas e ouvidas (PEREZ, 1991, p. 37).

Ao reviver essa época da infância, não deixa de prometer que algum dia ainda iria escrever um "Pequeno tratado de brinquedos para meninos quietos". Já que, como diz seu tio Vicente, "Por seu maior gosto era sozinho que brincava, sem incomodar ninguém. Com outras crianças, muito pouco, quase nunca".

O menino Joãozito cresce nutrido pela comida, tão elogiada "toda a vida", de dona Chiquitinha (Francisca Guimarães Rosa), sua mãe, e pelas histórias lidas ou ouvidas na venda de seu pai, contadas ou por seu Fulô, causos de caçadas e ciganos, ou pelos fregueses, em sua maioria composta por vaqueiros, garimpeiros, fazendeiros, caçadores, mascates etc. Mais tarde, em Hamburgo, Guimarães escreve ao amigo Geraldo França de Lima acerca da comida mineira "Tutu, couvinha, lombinho, pimenta malagueta, dois limõezinhos. Se o Hitler provasse veria que há coisa melhor do que 'Die Wacht am Rhein'".

A paixão pelos livros e pela leitura trouxera-lhe, por vezes, alguns problemas:

> Menino diferente foi: sossegado, caladão, calmo, observador, singelo. Lia muito, estudava ...Brincar, raramente, depois que descobriu a leitura separá-lo de um livro era difícil, até para as refeições. Nem nunca precisava lhe mandassem estudar. Contrariamente: ralhavam-lhe para deixar o livro. (GUIMARÃES, 2006, p. 27).

Ainda acerca de sua fixação pela leitura, conta-se que certo dia Joãozito desaparecera por completo, mobilizou-se familiares e amigos a procurarem por ele, percorreram todos os lugares possíveis e, já após boa parte do dia de buscas, quando o desespero de todos estava no maior limite, um funcionário (Juca Bananeira, futuro personagem de *Sagarana*) da venda de seu Fulô teve de buscar um saco de arroz no depósito de mercadorias, no fundo do quintal, e percebeu que este estava trancado por dentro, ao ser avisado, o proprietário foi até lá, arrombou a porta e

> Num canto, no fundo do quarto, recostado em saco de arroz, tranquilo, semblante suave, dormia Joãozito. À sua frente, aberto, no chão, um livro. Do lado deste, dois pauzinhos – varetinhas curtas – e uma vela de sebo desmanchada por derretimento em uso, com pavio apagado (Id. Ibid., p. 28).

Ao ler, o menino curvava-se todo para a frente, quase encostando os olhos na página. Por acaso, em visita do amigo da família Dr. José Lourenço (dr. Juca), foi que se descobriu a miopia do garoto, o que levou a família a proibi-lo de tanto ler; não adiantando muito, já que esse sempre se escondia e "lia atrás da porta e de manhã eu achava livros debaixo do travesseiro. Quando era rapaz, lia até altas horas com os pés na bacia de água gelada, que era para não dormir" conta o tio Vicente Guimarães (futuro autor de Vovô Felício), dois anos mais velho que Joãozito.

Por volta dos nove anos, Joãozito foi morar com o avô paterno e padrinho Luís Guimarães, em Belo Horizonte, onde termina o curso primário e posteriormente vai para São João Del-Rei estudar no internato do colégio Santo Antônio, local em que não ficou muito tempo, pois que emagrecia a olhos vistos por não suportar a comida do lugar, e volta à capital mineira sendo matriculado no colégio Arnaldo onde também estudaram Carlos Drummond de Andrade e Gustavo Capanema.

Desse período, até aproximadamente os dezesseis anos, ele continua seus estudos de línguas e lê os clássicos, quando pode, no original. Consegue licença para frequentar a biblioteca local, para onde sempre ia e com "a mesada de dois mil réis, comprava aos domingos empadinhas e garrafas de soda limonada e se refugiava na Biblioteca Pública, para devorar livros", como nos relata seu tio, Vicente Guimarães.

É dessa época a história de que num belo dia de domingo, um senhor, que frequentava a biblioteca, se incomodou com aquele garoto que, ao fazer seu lanche ali, poderia sujar os livros, ao que a funcionária sugeriu que ele se aproximasse e disfarçadamente olhasse o que o garoto lia. Assim o fez e, para seu espanto, o menino lia um clássico em francês, manuseando as páginas com o devido cuidado.

Em 1925, matricula-se na Faculdade de Medicina da Universidade de Minas Gerais, onde a vinte e um de dezembro de 1929 forma-se médico, tendo sido o orador da turma. Neste curso, no Hospital da Santa Casa de Belo Horizonte, Rosa estabelece amizade com o doutor Juscelino Kubitschek de Oliveira, futuro presidente do país.

Nessa época, escreveu alguns contos para participar de um concurso promovido pela revista carioca "O Cruzeiro", das quatro vezes em que concorreu foi premiado com o primeiro lugar, ganhando cem mil réis para cada conto premiado. Acerca dessas primeiras incursões pela escrita ficcional Rosa diz que "nessa época escrevia friamente, sem paixão, preso a moldes alheios. Na verdade, o importante eram os cem mil réis do prêmio...". Esses contos eram "O mistério de Highmore Hall", "Makiné", "*Cronos kai Anagke* (Tempo e destino) – a mais extraordinária história de xadrez já explicada aos adeptos e não-adeptos do tabuleiro" e "Caçadores de camurças", contos que em nada lembram o Guimarães Rosa que se tornou conhecido por sua linguagem e estilo inusitados.

Em 1929, toma posse no cargo de agente itinerante da Diretoria do Serviço de Estatística Geral do Estado de Minas Gerais, da Secretaria da Cultura. No ano seguinte, casa-se com Lygia Cabral Penna no dia de seu aniversário (27 de junho), ela:

> Era aluna da Escola Normal em Belo Horizonte. Papai sempre passava em frente à escola na hora da saída e dizia: Oi, Lili - Lili era o apelido dela - que coincidência! Era todo dia a mesma coisa. As colegas da minha mãe já sabiam e dizlam para ela: Lili, a coincidência está te esperando lá na porta (COSTA, 2006, p. 13).

Nessa época, por sugestão do chefe do departamento, Dr. Teixeira de Freitas, vai estudar o esperanto, que aprende em apenas vinte e sete dias. Anos mais tarde, quando uma prima pergunta se é fácil assim o idioma, ele responde:

> Você, minha linda priminha, sabendo um pouco de alemão, francês, russo, espanhol, italiano, grego e latim, e a gramática de algumas outras línguas, o esperanto se torna facílimo (GUIMARÃES, 2006, p. 54).

E também, respondendo um questionário, parte de um trabalho escolar, de uma prima do Curvelo, acerca dos idiomas os quais falava, deu-lhe como resposta:

> Falo: português, alemão, francês, espanhol, italiano, esperanto, um pouco de russo; leio: sueco, holandês, latim e grego (mas com dicionário agarrado); entendo alguns dialetos alemães; estudei a gramática: do húngaro, do árabe, do sânscrito, do

> lituânio, do polonês, do tupi, do hebraico, do japonês, do tcheco, do finlandês, do dinamarquês; bisbilhotei um pouco a respeito de outras. MAS TUDO MAL. Eu acho que estudar o espírito e o mecanismo das outras línguas ajuda muito à compreensão mais profunda do idioma nacional. Principalmente, porém, estudando-se por divertimento, gosto e distração (Id. Ibid. p. 54-5).

Depois de formado, Rosa muda-se para a cidade mineira de Itaguara (em 1931), onde vai exercer seu ofício nessa região tão carente de médicos e, consequentemente, onde não teria concorrência. Ali, passa a cobrar as consultas calculando-se as distâncias percorridas a cavalo, mesmo porque ao fim da viagem além de atender ao enfermo dava também uma consulta geral para a família toda. Muitas vezes o pagamento era efetuado com galinhas, porcos, bolos, ovos etc.

Durante essas viagens, o jovem médico começa a fazer anotações diversas sobre histórias, personagens, formas do falar regional, causos etc., o que o leva a escrever alguns contos que mais tarde serão reunidos no volume *Sezão* (*Contos*, que ficou em segundo lugar no concurso Humberto de Campos de 1937 e se transformou, com modificações, no seu primeiro livro, intitulado *Sagarana*). Acerca de tais viagens conta a filha Vilma (*apud*: COSTA, 2006, p. 14):

> Papai galopava, às vezes, a noite inteira, para atender os clientes. Seu grande desespero, contudo, era a impossibilidade de salvar alguns doentes. Ficava deprimido e profundamente angustiado.

E também, em uma entrevista, responde a filha em relação à profissão do pai que:

> Duas coisas o impressionavam, emocionando-o tremendamente: o parto e a incapacidade de salvar as vítimas da lepra. Tão opostas em qualidade, porém cheias de significado para ele. Costumava ficar horas estudando. Queria aprender rapidamente a estancar o fluxo do sofrimento humano. Mas logo constatou que aquilo seria difícil, quase impossível. A falta de recursos médicos e o transbordamento de sua emotividade o impediram de prosseguir (ROSA, 1999, p. 131-2).

Para o médico, era dificílimo perder um paciente; certa vez que tal aconteceu, enquanto o padre já estava encomendando a alma do morto, Guimarães ainda continuava desesperadamente a aplicar-lhe injeções, voltou arrasado para casa e não quis sair à rua no dia seguinte temendo ser linchado, mas para seu espanto, deu-se exatamente o contrário, os parentes do morto agradeceram-lhe, reconhecendo que fizera de tudo para salvar o parente.

Em 1932, durante a revolução Constitucionalista, atua como médico voluntário da Força Pública, servindo no Setor do Túnel, onde reencontra o antigo colega Juscelino Kubitschek. Já em 1933, presta concurso, em Barbacena, para oficial-médico do 9º. Batalhão de Infantaria, e ingressa na Força Pública, mudando-se para essa cidade.

As filhas, Vilma (que ao nascer o pai proferiu 'Vi uma rosa', daí o nome), e Agnes (carinhosamente apelidada de Agnucha, pelo pai), nascem nessa época, a primeira em 1931, em Itaguara, e a segunda em 1934, em Barbacena.

Nessa cidade, retoma os estudos de idiomas e dedica-se à escrita de contos, bem como "Pratica francês com amigos e parceiros de xadrez do Clube Comercial da cidade; treina alemão, estuda russo e japonês com moradores de Barbacena provenientes de tais países" (COSTA, 2006, p. 14).

Foi também nessa cidade que um amigo, o futuro escritor e membro da ABL, Geraldo França de Lima, ao perceber o interesse de Rosa por idiomas deu-lhe a sugestão de tentar concurso para o Itamaraty, o que Guimarães fez em 1934, sendo aprovado em segundo lugar. Vale a pena citar, dada a forma como faz revelar muito da personalidade do escritor, apesar de longo trecho, os acontecimentos contados pelo tio Vicente Guimarães (2006), que o acompanhou nesses momentos.

> Modesto sem propalar intenção, discreto sempre, inscreveu-se. Na época, veio ao Rio de Janeiro, sozinho, alguns dias antes das provas. Ninguém, nem eu, soube da sua chegada. Não foi meu hóspede. Quando reclamei, desculpou-se que precisava estudar e meus filhos poderiam distraí-lo ou perturbá-lo, escasseando o silêncio de que tanto precisava, barulhando as suas horas de estudo.

Só conhecimento tive de sua presença devido o fato extraordinário, inusitado. Hospedou-se ele no Hotel fluminense, frequentado por políticos mineiros. Não foi, porém, essa a causa de sua escolha. Conhecia de nome o hotel e, por informações, sabia-o regular. Ademais, razões principais, ficava perto da estação e próximo do Itamaraty, numa esticadinha a pé.

Chegara de noturno, pela manhã. No hotel se instalou e de lá não saiu mais. Perder tempo de estudo não podia. Abriu livros e não fez outra coisa senão estudar... estudar.

No dia seguinte, às oito horas, recebi telefonema seu. Chamava-me com urgência, informando onde estava hospedado e que passara vinte horas estudando seguidamente. Queria descansar, agora, e o cérebro não obedecia, insistindo constante em recordar o estudo. Precisava de mim para distraí-lo. Receava ficar doido.

Eu morava no Andaraí. O bonde que passava por minha casa ia justo atravessar a Praça da República. Não me demorei.

Ao chegar no quarto do hotel, bati na porta, escutei:

"Entre."

Encontrei meu sobrinho nu, deitado, coberto por um lençol, comendo ostras e na mão tendo um livro policial.

Admirei-me: "Então você me chama porque está cansado de estudar e eu o encontro lendo romance policial!"

Explicou: "Só assim consegui desviar meu pensamento. O romance policial me distraiu. Recurso lembrado só depois de meu telefonema a você."

Outrossim, atendeu Joãozito à minha curiosidade quanto às ostras. Comia-as porque alimentam sem replenar o estômago.

Mandei-o vestir-se e saímos. De bonde até a então existente Galeria Cruzeiro, e ali baldeação para um Leblon.

No final da linha descemos. Descalçamo-nos e na praia começamos a correr pela areia úmida. [...] Uma hora depois regressamos. Joãozito já estava calmo e eu cansado.

Assim-só-assim, fiquei sabendo do concurso e, no dia exato, lá estava como assistente.

Queixara-se Joãozito de não ter tido tempo de repassar melhormente os pontos de História Geral e História da Diplomacia Brasileira. Da primeira sabia bem, com certeza de distinção, o ponto "Raças". Da segunda, "Tratados de Paz" era o que mais estudara. Se esses caíssem para ele, estaria salvo. Pediu-me que pensasse favoravelmente nesses pontos na hora do sorteio. As forças de nossos pensamentos, somadas, o ajudariam. Muito acreditava nisso, com fé. Admirava o esoterismo.

Seu exame é digno de narração. Uma mesa comprida. De um lado, sentados, os examinadores; do outro, uma cadeira volante para o examinando. Na parte final da sala, cadeiras para os assistentes. Os exames começavam na ponta esquerda, em relação ao examinando.

A hora e vez de Joãozito chegou. Primeira matéria: Francês. Primeira pergunta: "Que o senhor conhece da Literatura Clássica Francesa?". Resposta: "Toda".

O examinador admirado de audácia tamanha, sorriu e quis saber: "Desde quando o senhor lê Francês?".

"Os clássicos, comecei a ler aos nove anos." Fio a informação.

Perguntou-lhe, então, o examinador sobre determinado autor, pedindo-lhe para citar seu principal livro e o que este continha de mais importante e famoso.

O examinando, sem titubear, foi completo na resposta. Excedeu. Reproduziu de cor a página mais bonita do livro, aquela, que o celebrizara. Duas pequenas perguntas otimamente respondidas, e o aluno passou à matéria seguinte: História Geral. O ponto sorteado: Raças! (Joãozito, discretamente, voltou-se para trás e encontrou o meu olhar. Sorrimos.) O examinador indagou se ele queria expor ou ser argüido. Foi a primeira forma a preferida. Joãozito falou... falou...sem nenhuma interrupção. No final da belíssima explanação, não contou com a aprovação do examinador. Disse este não aceitar a tese apresentada e tão brilhantemente defendida. Então, sem a calma perder, o examinando alegou que, certamente, ele seguia a teoria dos professores fulano e beltrano, que adotavam tese outra. E expôs toda aversão contrária, não deixando, porém, de justificar o motivo de sua preferência, de acordo com os mestres tais e tais (nomeados na hora e por mim não lembrados). O examinador, encantado com os conhecimentos completos do candidato, sentenciou: "Precisamos discutir esse assunto mais demoradamente".

Joãozito desculpou-se: "Mas aqui, neste momento, minha situação não me permite tal discussão: eu sou examinando e o senhor, examinador".

O homem sorriu e acalmou-o: "Não. Aqui não. Por agora já estou satisfeito. Nossa discussão será em minha casa, onde o senhor, amanhã irá tomar um cafezinho comigo".

Aliviado do susto, passou ao seguinte, o de Português, presidente da banca. Depois de este perguntar ao examinando se ele era mineiro e ver confirmada essa condição de conterrâneo seu, foi logo dizendo: "Não gostei de sua prova escrita. Só permiti que o senhor entrasse em oral porque não cometeu nenhum erro de Português, e porque desejava conhecê-lo e saber das razões que o levaram a fazer restrições a Rui".

Rui fora o tema da prova. A restrição foi apenas quanto a Rui literato.

Na oral, Joãozito justificou o seu ponto de vista, procurando agradar o intransigente ruísta, com merecidos elogios ao grande brasileiro, quanto aos outros setores de suas atividades. Terminou informando que também era ruísta e lastimava não tivesse o ilustre baiano dedicado maior atenção à parte literária.

Com o examinador seguinte, seu ponto sorteado foi "Tratados de Paz!". Nova disfarçada olhadela para mim. Teria ajudado a força do pensamento?!

Exposição exuberante do examinando. Citou todos os tratados de paz do mundo, com minúcias de detalhes. Quando deu por terminada a explanação, o examinador comentou: "Muito bem, o senhor foi brilhantíssimo, mas se esqueceu de um tratado de paz, justamente um em que o Brasil foi parte importantíssima".

Joãozito agradeceu a advertência e pediu: "É verdade, o senhor pode dar-me uns minutos para pensar?"

Alcançando o consentimento, colocou a mão direita sobre os olhos fechados, abaixou um pouco a cabeça e, nessa posição, pôs-se a meditar.

Marquei no relógio. O ponteiro de minutos já começava a dar a segunda volta, quando o examinando abriu os olhos e disse: "Já sei. Foi em Buenos Aires". E detalhou toda a solenidade da assinatura do tratado de paz, salientando a participação do Brasil.

Terminada essa mais uma prova, arrastou a cadeira para adiante. Interessante, que se deve anotar, é quanto ao entusiasmo dos examinadores. Chegaram a levantar-se de seus lugares e a aproximar-se do examinando, perdendo nenhuma de suas respostas e exposições.

Última prova: Direito Internacional. A coisa primeira que o examinador perguntou foi se Joãozito era médico. Obtendo a confirmação, admirou-se: "Que notável! O senhor, sendo médico, fez as melhores provas de direito, entre tantos bacharéis!"

E, com voz estridente, falando alto, entusiasmado, iniciou as perguntas. Após assim feita a primeira, Joãozito solicitou:

- O senhor dá licença de fazer-lhe um pedido?

- Pois não. De que se trata?

- Não fique o senhor zangado, mas o timbre de sua voz me está perturbando. Quase não dormi. Estudei até tarde e me levantei de madrugada para rever os pontos. Se o senhor pudesse falar um pouco mais baixo, eu agradeceria.

Atendido foi com prazer.

Ao terminar a última prova, a platéia iniciou palmas, imediatamente interrompida por *psius*, para não prejudicar o candidato com a invalidação do exame (GUIMARÃES, 2006, p. 96-9).

Nesse que foi um dos momentos mais importantes da vida de Rosa, pois como ele mesmo disse, posteriormente, havia encontrado a profissão que melhor lhe condizia, podemos perceber muito do homem, como sua profunda crença, nas "forças ocultas"; vemos também sua aplicação e mesmo uma certa obsessividade em relação aos estudos, sua forma de lidar "diplomaticamente", por vezes mesmo até com certa altivez, em situações difíceis.

Rosa é nomeado cônsul de terceira classe e se muda para o Rio de Janeiro em 1934, trabalhando na Secretaria do Ministério das Relações Exteriores por aproximadamente quatro anos.

Acerca de sua nova profissão assim escreve ao amigo Pedro Barbosa: "Penso que encontrei ainda a tempo a minha verdadeira vocação. Pretendo seguir o curso de direito, especializar-me em direito internacional e em línguas eslavas, escrever alguns livros de literatura e ver o mundo lá fora" (COSTA, 2006, p. 15).

Apesar do importante cargo, o salário não era suficiente para o sustento dele, da esposa e mais das duas filhas. Foi então que viu num jornal um concurso de poesias na Academia Brasileira de

Letras e procurou socorrer-se com o tio Vicente, pedindo conselhos e dinheiro para se inscrever. O parente forneceu-lhe o dinheiro e uma "aula" sobre poesia, métrica, rimas etc., (já que este era o "poeta" da família), assim se expressa o tio acerca desse episódio:

> Conversamos sobre as regras todas e mostrei-lhe os defeitos e qualidades das rimas - pobres e preciosas - aspecto importante, que muito valoriza ou desclassifica uma poesia, principalmente um soneto. Terminei oferecendo-lhe um exemplar do *Dicionário de rimas*, de Olavo Bilac e Guimarães Passos. (Id., ibid., p. 100).

Rosa pôs, com a obstinação que lhe é característica, obras às mãos e as ideias na cabeça, escreveu então um livro que, apesar de ter nascido vencedor, ficou à parte de sua produção posterior. O volume *Magma* foi enviado e o resultado, o primeiro lugar com distinção, alegando o ilustre parecerista, o poeta Guilherme de Almeida, que naquela edição do concurso não se deveria conferir um segundo lugar a nenhum outro concorrente dada a imensa distância que separava esse primeiro lugar dos outros. Assim o poeta finaliza seu parecer:

> Concluindo: - É, pois, meu parecer que seja o 1º. prêmio do Concurso de Poesia de 1936 concedido ao livro "Magma", de João Guimarães Rosa; e que não seja a ninguém, neste torneio, conferido o 2º. prêmio, tão distanciados estão do primeiro premiado os demais concorrentes. Proponho, entretanto, sejam concedidas, em igualdade de condições, duas menções honrosas aos livros "Noite confidente", de Mário Donato, (...) e "Livro de poemas de 1935", de Odilo Costa Filho e Henrique Carstens (...).
>
> Tal é, salvo melhor juízo, o meu parecer.
>
> São Paulo, 22 de novembro de 1936.
>
> *Guilherme de Almeida*, Relator.
>
> De acordo: - *Laudelino Freire.* (Concursos Literários de 1936. In *Em memória de JGR*, 1968, p. 236)

Este livro, como foi dito, ficara inédito durante toda a vida do autor; tendo permanecido nos cofres da Academia Brasileira de Letras, veio a público apenas décadas após a morte de Rosa, e foi publicado somente em 1996.

Como expresso anteriormente, em 1937, Rosa, saudoso da terra, escreve contos já com muitas das características que viriam a consagrá-lo como possuidor de um estilo ímpar na Literatura nacional, e como o estilo faz o homem...

No desejo de saber da qualidade de seus escritos, inscreveu um volume de contos no Concurso Humberto de Campos, cujo título, pensado inicialmente, seria *Sezão*, tendo sido modificado finalmente para apenas *Contos* e assinou com o pseudônimo de *Viator*.

A disputa final foi acirrada, dentre os 58 textos apresentados sobraram dois e o desempate coube a Peregrino Junior, que optou pelo livro de Luis Jardim, *Maria Perigosa*. A decisão gerou inclusive um abalo na amizade entre Graciliano e Marques Rebelo, outro jurado, esse último não se conformava como um gênio da Literatura nacional não conseguia reconhecer um outro.

Assim se expressa Graciliano - em crônica publicada inicialmente na revista *A casa*, número de junho de 1946, e reproduzida em vários jornais do país, inclusive nesse livro, *Em memória de JGR*, de onde foi tirado – acerca do concurso e da difícil decisão:

> Houve discussão e briga. No dia do julgamento, eliminadas composições menos sólidas, ficamos horas no gabinete de Prudente de Moraes, hesitando entre esse volume desigual [*Contos*] e outro: *Maria Perigosa*, que não se elevava nem caía muito. Optei pelo segundo – e, em consequência, Marques Rebelo quis matar-me, gritou, espumou, fez um número excessivo de piruetas ferozes. (...)
>
> Dias da Costa apoiou-me. Prudente de Morais sustentou Marques. E Peregrino Junior, transformado em fiel da balança, exigiu quarenta e oito horas para manifestar-se. Escolheu *Maria Perigosa* – e assim Luís Jardim obteve o prêmio Humberto de Campos de 1938.
>
> Viator desapareceu sem deixar vestígio. Desgostei-me: eu desejava sinceramente vê-lo crescer, talvez convencer-me de que me havia enganado, preterindo-o. Afinal, os julgamentos são precários – e naquele tínhamos vacilado. Eu, pelo menos, vacilara. Às vezes assaltava-me vago remorso e perguntava a mim mesmo onde se teria escondido Viator. Em conversa com José Olympio, referi-me a ele. Se se cortassem alguns contos, publicar-se-ia um bom livro. E o meu amigo, com entusiasmo fácil,

logo se pôs em busca do escritor misterioso, chegou a sugerir-me um artigo, espécie de anúncio. Todas as pesquisas foram inúteis.

Em fim de 1944, Ildefonso Falcão, aqui de passagem, apresentou-me João Guimarães Rosa, secretário de embaixada, recém-chegado da Europa.

- O senhor figurou num júri que julgou um livro meu em 1938.

- Como era o seu pseudônimo?

- Viator.

- Ah! O senhor é o médico mineiro que andei procurando.

Ildefonso Falcão ignorava que Rosa fosse médico, mineiro e literato. (...)

- Sabe que votei contra o seu livro?

- Sei, respondeu-me sem nenhum ressentimento.

Achando-me diante de uma inteligência livre de mesquinhez, estendi-me sobre os defeitos que guardara na memória. Rosa concordou comigo... Havia suprimido os contos mais fracos. E emendara os restantes, vagaroso, alheio aos futuros leitores e à crítica. Falei na intenção de José Olympio, mas julgo que o meu novo companheiro já tinha compromisso. (RAMOS, G., 1946/1968, p. 38-44)

O autor de *Angústia* continua descrevendo as impressões que tivera do livro *Sagarana* e vaticinou:

"Certamente ele fará um romance, romance que não lerei, pois, se for começado agora, estará pronto em 1956, quando meus ossos começarem a esfarelar-se". (Id. Ibid., p. 45)

A impressionante previsão de Graciliano se efetivou, pois o único romance de Guimarães Rosa, *Grande sertão:* veredas, foi realmente publicado em 1956 e Ramos havia falecido há vinte de março de 1953.

Logo após inscrever-se no concurso de contos, Rosa foi nomeado cônsul-adjunto em Hamburgo e seguiu para lá, onde ficara sabendo do resultado do concurso. O codinome *Viator* faz todo sentido na medida em que a partir desse momento Rosa começa uma peregrinação diplomática que durará até quase o final de sua vida.

De 1938 a 1942, Rosa permanece em Hamburgo, onde conhece uma colega da embaixada brasileira, Aracy Moebius de Carvalho, com quem posteriormente se casará. Ele e Aracy facilitam a fuga de centenas de judeus, concedendo-lhes visto para dali saírem.

Esse período da Segunda Guerra foi particularmente difícil. Guimarães narra em um diário o quanto o dia a dia era por vezes assustador mediante intensos bombardeios e artilharia. Ele diz que numa certa noite sentiu um desejo imenso de fumar e como não tinha cigarros saiu para comprá-los. Quando estava fora, sua casa fora bombardeada. Esse fato aprofundou ainda mais a sua crença em intuições e nos fatos "ocultos", aumentando assim sua religiosidade.

Nessa época em que residira em Hamburgo, Rosa adquiriu um automóvel e praticamente atravessou a Alemanha dirigindo, de norte a sul, até a Tchecoslováquia, recheando seus diários com anotações e esboços de desenhos. Em carta de 19 de novembro de 1938, conta

> [...] A minha última façanha foi a iniciação automobilística. Tirei carteira, comprei um Mercedes-Benz, e tenho rodado valentemente por essas estradas maravilhosas - as melhores do mundo. Já fiz algum progresso, já vim de Berlim até aqui, na direção, e pelo Natal pretendo ir até a Baviera, para passar uns dias apreciando as belezas da neve nas montanhas. [...] Além dessas coisas, aprendi também, nos dias em que a situação internacional andou tensa, a servir-me da máscara-contra-gases; aliás, não é nada fácil a gente lidar com as tais 'focinho-de-porco'. [...]
>
> A coisa mais detestável aqui é a comida, tanto mais que Hamburgo não possui um único restaurante estrangeiro. E a *bóia* alemã é simplesmente intragável, o que me obriga a comer, pelo menos uma vez por dia, em casa, defendendo-me com conservas de lata. [...] E se insisto neste assunto é para que vocês fiquem sabendo que são muito felizes, com a cozinha melhor do mundo!... (ROSA, V. G., 1999, p. 241-2)

Nos momentos em que o ambiente ficava por demais tenso, como apontado no diário que "transmite uma atmosfera pesada, com o registro de perseguições a judeus, racionamento e bombas caindo pela cidade" (COSTA, op. cit. p. 17), Guimarães buscava refúgio ou sossego em um de seus lugares preferidos de Hamburgo, o jardim Zoológico. Posteriormente, ele escreverá contos tendo por tema jardins zoológicos (seriam "Zôo – Hagembecks Tierpark,

Hamburgo-Stellingen), nesses locais, como de hábito, ele fazia anotações minuciosas acerca dos animais.

Certa feita, Rosa fora comunicado de que a embaixada brasileira havia sido bombardeada, acorreu até o local e conjuntamente com o embaixador resgatou documentos importantes, arriscando-se nos escombros da construção.

O Brasil e os países do Eixo romperam relações em 1942, seus diplomatas foram internados num hotel em Baden-Baden aguardando troca por diplomatas alemães. Ficaram nesse hotel por aproximadamente quatro meses. Travou amizade com Cícero Dias, "com quem aprendera muito sobre cores". Trabalhavam num espaço próximo, Rosa, escrevendo, Cícero, pintando, e em outros momentos o escritor organizava campeonatos de xadrez com as crianças, cujo prêmio eram balas trazidas de Hamburgo. Cícero, após leitura do livro de contos do novo amigo, incentivou-o a publicá-lo.

O regresso deu-se de forma não menos tensa, pois saíram de Baden-Baden para Portugal e de lá vieram de navio, num mar repleto de submarinos alemães.

Após o retorno, Rosa ficou poucos meses no Brasil e em seguida foi para Bogotá, como secretário de Embaixada, permanecendo lá por dois anos, de 22 de junho de 1942 até 27 de junho de 1944. As dificuldades com a altitude se manifestaram logo na chegada, fora "acometido pelo *soroche*, o mal das alturas, com incríveis dores de cabeça e náuseas".

Demora certo tempo para se acostumar a respirar ali, e diz em carta "Não desejo, sinceramente, a nenhum de vocês, a vinda a essas regiões tão próximas do céu, que são paragens apropriadas para os anjos e não para criaturas humanas", sua estadia nesse local foi recriada ficcionalmente posteriormente no conto "Páramo" (*Estas estórias*, 1969, obra póstuma).

Sai de Bogotá em 1944 e segue para o Rio de Janeiro onde fica por quatro anos. Em 1945, assume o cargo de Chefe do serviço de documentação do Itamaraty. Retoma seus *Contos* retrabalhando-os intensamente, cortando dois contos e reelaborando e 'melhorando' os outros, assim escreve Rosa a João Condé acerca da escrita de *Sagarana*:

> Bem, resumindo: ficou resolvido que o livro se passaria no interior de Minas Gerais. E compor-se-ia de doze novelas. Aqui, caro Condé, findava a fase de premeditação. Restava agir.
>
> Então, passei horas de dias, fechado no quarto, cantando cantigas sertanejas, dialogando com vaqueiros de velha lembrança, 'revendo' paisagens da minha terra, e aboiando para um gado imenso. Quando a *máquina* esteve pronta, parti. Lembro-me de que foi num domingo, de manhã.
>
> O livro foi escrito - quase todo na cama, a lápis, em cadernos de 100 folhas - em sete meses; sete meses de exaltação, de deslumbramento. (Depois, repousou durante sete anos; e, em 1945 foi 'retrabalhado', em cinco meses de reflexão e de lucidez). (Carta a João Condé, em: ROSA, V. G., 1999, p. 378-9).

Ainda na sequência da carta, Rosa conta como se deu a escrita e modificações para a versão final:

> Como já disse, as histórias eram doze:
>
> I) O BURRINHO PEDREZ - Peça não-profana, mas sugerida por um acontecimento real, passado em minha terra, há muitos anos: o afogamento de um grupo de vaqueiros, num córrego cheio.
>
> II) A VOLTA DO MARIDO PRÓDIGO - A menos 'pensada' das novelas do *Sagarana* a única que foi pensada velozmente, na ponta do lápis. Também quase não foi manipulada, em 1945.
>
> III) DUELO - Aqui, tudo aconteceu ao contrário do que ficou dito para a anterior: a história foi meditada e 'vivida', durante um mês, para ser escrita em uma semana, aproximadamente. Contudo, também quase não sofreu retoques em 1945.
>
> IV) SARAPALHA - Desta, da história desta história, pouco me lembro. No livro, será ela, talvez, a de que menos gosto.
>
> V) QUESTÕES DE FAMÍLIA - História fraca, sincera demais, meio autobiográfica, mal realizada. Foi expelida do livro e definitivamente destruída.
>
> VI) (UMA HISTÓRIA DE AMOR - Um belo tema, que não consegui desenvolver razoavelmente. Teve o mesmo destino da novela anterior).

VII) MINHA GENTE – Por causa de uma gripe, talvez, foi escrita molemente, com uma pachorra e um descansado de espírito, que o autor não poderia ter, ao escrever as demais.

VIII) CONVERSA DE BOIS – Aqui, houve fenômeno interessante, o único caso, neste livro, de mediunismo puro. Eu planejara escrever um conto de carro-de-bois com o carro, os bois, o guia e o carreiro. Penosamente, urdi o enredo, e, um sábado, fui dormir, contente, disposto a pôr em caderno, no domingo, a história (n.1). Mas, no domingo caiu-me do ou no crânio, prontinha, espécie de Minerva, outra história (n. 2) – também com carro, bois, carreiro e guia – totalmente diferente da da véspera. Não hesitei: escrevi-a, logo, e me esqueci da outra, da anterior. Em 1945, sofreu grandes retoques, mas nada recebeu da versão pré-histórica, que fora definitivamente sacrificada.

IX) BICHO MAU – Deixou de figurar no *Sagarana*, porque não tem parentesco profundo com as nove histórias deste, com as quais se amadrinhara, apenas, por pertencer à mesma época e à mesma zona. Seu sentido é outro. Ficou guardada para outro livro de novelas, já concebido, e que, daqui a alguns anos, talvez seja escrito.

X) CORPO FECHADO – Talvez seja a minha predileta. Manuel Fulô foi o personagem que mais conviveu 'Humanamente' comigo, e cheguei a desconfiar de que ele pudesse ter uma qualquer espécie de existência. Assim, viveu ele para mim mais umas 3 ou 4 histórias, que não aproveitei o papel, porque não tinha valor de parábolas, não 'transcendiam'.

XI) SÃO MARCOS – Demorada para escrever, pois exigia grandes esforços de memória, para a reconstituição de paisagens já muito afundadas. Foi a peça mais trabalhada do livro.

XII) A HORA E A VEZ DE AUGUSTO MATRAGA – História mais séria, de certo modo síntese e chave de todas as outras, não falarei sobre o seu conteúdo. Quanto à forma, representa para mim vitória íntima, pois, desde o começo do livro, o seu estilo era o que eu procurava descobrir. (Id., ibid., p. 379-80)

Esta missiva nos mostra a forma rigorosa como o autor trabalha na criação de seus contos bem como a obsessão quanto à melhor construção ou estruturação de suas histórias. Segundo ele, o ideal era escrever um conto e trabalhá-lo a vida toda. As várias edições de suas obras foram modificadas incessantemente por Rosa, que chegava a fazer mudanças profundas nos textos.

A transformação dos *Contos* em *Sagarana*, por exemplo, foi de certa maneira o início desse burilar de ourives da palavra. Guimarães não se cansava de buscar o "mot juste", perfeccionismo esse que o acompanhou por toda a vida. Há de se notar também já o grau de maturidade crítica sugerido em suas supressões ou rearranjos, como ele diz "...em cinco meses de reflexão e de lucidez". E ainda, em carta endereçada ao pai, comenta:

> Em todo caso, consegui - a custa de horas de sono, do descanso dos domingos e de muito esforço - preparar, ou, melhor, reestruturar um livro de contos, para o qual achei imediatamente editor. Tenho muita esperança nesse livro, pois já provocou o mais exaltado entusiasmo (e sincero) da parte de 4 dos maiores escritores e intelectuais brasileiros, que lhe garantem tremendo sucesso. (ROSA, V.G. Ib., ibid., p. 382).

Essa obra, como se disse, já contém muito do estilo que marcaria o autor como um dos mais criativos da literatura Nacional, nele despontam a linguagem rica e ao mesmo tempo única da gente do sertão, bem como suas vivências dos tempos de infância vivida naquela região de Minas Gerais, aparecem já regionalismos, formas e histórias muito específicas de sua terra natal.

Sagarana é publicado em 1946, com sucesso imediato, esgotando-se a edição rapidamente, havendo a necessidade de nesse mesmo ano a editora Universal preparar ainda mais duas, tão expressiva foi a venda desse volume, e obviamente cada uma com inúmeras modificações do autor.

Recebeu o prêmio da Sociedade Felipe d'Oliveira e foi considerado um dos livros mais importantes de ficção surgidos no Brasil contemporâneo. Obra essa que prima pelo trabalho com a linguagem bem como pelas novidades formais. O nome já nos dá a amplitude da criatividade do escritor:

> O título do livro (aglutinação de *Saga* e *Rana*) é um dos tantos neologismos rosianos a confirmar sua predileção inventiva pela sonoridade: *Saga*: substantivo comum português de proveniência germânica, aplica-se, genericamente, a narrativas históricas ou lendárias; *Rana*: adjetivo tupi, dicionarizado por Lemos Barbosa, significa 'parecido com, mal feito, tosco'. Os contos de *Sagarana*,

num total de nove, seriam, pois, parecidos com lendas, lendas toscas, rudes. (ROCHA, L.O.S., 1981, p. 51)

Mais ou menos por essa época, escreve carta ao pai solicitando que este lhe enviasse algumas notas relativas a caçadas, casos, falares, jeitos, modos etc. da gente do local e dos lugares por onde este andou, bem como das histórias que conhece, sabe-se que seu Florduardo era excelente contador de casos, tanto os referentes às próprias caçadas no morro do Cabral, quanto os de ter ouvido dizer. Seu pai torna-se um de seus maiores colaboradores, enviando-lhe farto material.

São fortes exemplos dessa "participação" do pai como demonstram as seguintes cartas, a do dia 26/III/47 (Todas elas tiradas do livro *Relembramentos,* de Vilma G. Rosa, 2006)

(...) sempre que se lembrar de cantigas ou expressões sertanejas legítimas, ouvidas, de caipiras nossos, de Cordisburgo ...E tudo o que se refira a vacas bezerros. Estou escrevendo outros livros. Lembro-me de muitas coisas interessantes, tenho muitas notas tomadas, e muitas outras coisas eu crio ou invento, por imaginação. Mas uma expressão, cantiga ou frase, legítima, original, com a força de verdade e autenticidade, que vem da origem, é como uma pedrinha de ouro, com valor enorme. (...) Mas, não conte a outras pessoas para que eu possa usá-las em primeira mão. (p. 183)

Ou esta de 27 de outubro de 1953, que, de certa forma, nos aponta para as preocupações com as minúcias que podem ser observadas no próprio processo de criação de Rosa (um pouco longa, mas vale a pena reproduzir):

Papai,

Há uma semana, escrevi ao Sr. uma carta, e hoje tive a alegria de receber a sua, acompanhada das "notas", que muito agradeço. Todas são ótimas, principalmente a sobre os "CIGANOS" e a do "ENTRUDO" em Caeté. Vão ser muito bem aproveitadas! Sempre que o Sr. tiver disposição, pode mandar. Na carta falei no interesse que tenho pelo assunto das caçadas na Serra do Cabral - principalmente quanto aos detalhes pitorescos. O detalhe é muitas vezes de grande proveito, pois metido num texto dá impressão de realidade.

Há outros assuntos que gostaria de esmiuçar. Por exemplo:

1. A briga do Túlio com o Nicão – com os possíveis detalhes sobre a questão do terreno;

2. Descrição de pessoas da roça, as mais interessantes, que vinham à venda, em Cordisburgo;

3. Descrição de pescarias, a rede;

4. Jogos de baralho: o truque; a "pavuna", no restaurante em Cordisburgo; a intervenção do Vigário; a briga daquele Sr. Gastão, com o padre;

5. Chico Sanfona, sua família, coisas interessantes que lhe digam respeito;

6. O Renério, idem;

7. As donas daquele sobradinho, na Várzea, em Cordisburgo, idem;

8. Aquelas grandes quantidades de peixes, de Pirapora (?): como o Sr. os comprava, como vinham etc.;

9. Caixeiros-viajantes interessantes ou curiosos, alguns bons traços;

10. Coisas interessantes, biográficas ou outras, sobre pessoas como: tio Adonias; o Siô Tico e Nhá Chica; o pai do Juca Saturnino; Siô Lé; Luiz Canabrava; aquele Sr. Nalesherbes, meio esquisito, que passou por Cordisburgo etc.;

11. Esta é com a ajuda de Mamãe: – A história daquele corpo de homem, mumificado, que se desenterrou, em Jequitibá, e foi levado para a igreja.

12. Histórias de crimes, grandes brigas, raptos de moças etc.

A lista é grande, mas o Sr. não se assuste com ela. É apenas um punhado de sugestões. Mas não deixe de ir mandando alguma coisa, aos poucos. (Como disse, os detalhes – sobre objetos, usos, expressões curiosas na conversa etc. – são sempre importantes. Tipos encontrados em viagens, também, por exemplo). Nomes curiosos, de lugares e de pessoas.

Agora, pedindo a bênção, e à Mamãe, o grande abraço do

Joãozito (p. 207-8)

Essas notas (do pai, bem como as próprias, colecionadas nos famosos cadernos) acabam funcionando como uma espécie de acervo com o qual o autor compõe sua obra, são os materiais à disposição para a arquitetura das histórias. É importante notar pelas datas que essas cartas antecedem a publicação de *Corpo de Baile* e *Grande Sertão:* veredas, é muito provável que esse material tenha sido utilizado na feitura dessas obras. Vejamos, pois, mais alguns exemplos:

> Rio, 12-VII-54
>
> (...) Já fico contente com a prometida remessa daquelas notas, que para muito me hão de servir. E, a respeito delas, o senhor não deve se preocupar com os assuntos, nem se está ruim ou bom, pode ir mandando tudo. Não precisa que sejam casos ou fatos curiosos, pois as informações comuns, sobre a vida trivial, costumes, etc., do interior têm importância. Coisas que os moradores no campo contavam de sua labuta, vida, etc., quando vinham fazer compras em Cordisburgo, por exemplo. E detalhes de caçadas – principalmente da vida e costume dos bichos, seus rastros, e tudo o mais. Desde já fico agradecendo ao senhor os próximos envios. Eu estou trabalhando "burramente", dia e noite, para terminar os livros que estou escrevendo – pois, em vez de um, como comecei, a coisa logo virou dois... (p. 212)

Ou ainda:

> Rio, 9, XII, 55.
>
> (...) Apreciei, muitíssimo, as notas que o senhor me mandou, sobre os enterros na roça. Aliás, o senhor não imagina como têm valor para mim essas informações. Pena é que o senhor não mande delas freqüentemente. Estão todas colecionadas, com apontamentos e sublinhados dos pontos mais importantes, e, aos poucos, serão, todas elas, aproveitadas nos meus livros.
>
> Principalmente, acho um interesse extraordinário nas que se referem aos COSTUMES e aos TIPOS e indivíduos pitorescos ou bem marcados. Agora, depois dos "Enterros", por que é que o senhor não manda, por exemplo, os "Casamentos", os "Batizados" ou "Casos de crimes" ou de "Demandas, Questões, etc.", do tempo em que o senhor foi Juiz-de-Paz? Seria ótimo. (...) Outra coisa, que muito gostaria de ter, são as lembranças da Venda, em Cordisburgo, *qual a época do ano em que se vendia mais? Quando é que os lavradores dispunham de mais dinheiro, etc.?* (...) Não precisa de mandar coisa alinhavada e seguida. Bastam pequenos tópicos. Tudo é útil. Preciso de explorar mais o senhor. Que a mina é ótima. (...). (p. 213-4)

E podemos arrematar essa série de citações com o que seria o resultado delas, ou seja, o fim que levaram essas notas, que funcionavam como lenha na fogueira da criação de Rosa. Vejamos, pois, o que escreve o autor para o pai a 5 de junho de 1956:

> Pedindo a bênção e abraçando muito afetuosamente, agradeço a boa carta de parabéns, que me alegrou, como sempre, por matar saudades e trazer notícias. Também fiquei contente por o senhor ter recebido os livros e estar gostando do *Corpo de baile*. Como o senhor não deixará de ter notado, ele está cheio de coisas que o senhor me forneceu naquelas cartas e notas, extremamente valiosas para mim. Falando nisso, agora eu estou justamente relendo as mesmas, e passando para um caderno, classificadas e em ordem, todas as informações, para serem aproveitadas em futuros livros. É uma bela pilha de papel, sortida de vitaminas. Pena é que o senhor não tenha mandado mais (...) É melhor ir pedindo aos punhadinhos, a varejo, para ver se o senhor se anima a restabelecer o fornecimento... Como já expliquei, não se trata de pequenas histórias ou casos (...) O que utilizo são as indicações sobre tipos, costumes, descrições de lugares, cenas; vestimentas, métodos de trabalho, palavras, termos e expressões curiosas ou originais, etc. etc. O senhor manda? Obrigado. (p. 214-5)

O sentido dessas citações todas é tentar explicitar um dos vieses da criação de Guimarães Rosa, uma das formas como ele se apropria não somente das coisas vividas bem como das contadas e principalmente do papel que o pai (aquele mesmo que implicava com o garoto Joãozito, por não trabalhar e ficar sempre com um livro nas mãos) desempenhou, por exemplo, não apenas como fornecedor de matéria-prima, mas como quem faz Joãozito reviver seu sertão, agora pelos olhos e boca do pai.

Pois bem, esse período entre a publicação de *Sagarana,* 1946, e as de *Corpo de Baile* e *Grande sertão:* veredas, ambos de 1956, é marcado na vida particular de Rosa por alguns fatos importantes, em 1946, por exemplo, é nomeado chefe-de-gabinete do Ministro João Neves da Fontoura, a quem mais tarde sucederá na Academia Brasileira de Letras, e segue para Paris em junho como membro da delegação brasileira à Conferência da Paz. Conhece ali José Mindlin, com quem passeia pelas livrarias da cidade. E, ao final da Conferência, viaja com o Ministro João Neves por algumas cidades da Holanda, Bélgica e Alemanha.

Em 1947, viaja para o pantanal no Mato Grosso, percorrendo várias cidades, e permanece por aproximadamente uma semana numa região próxima a Corumbá, local chamado Nhecolândia, onde conhece, na fazenda Firme, o vaqueiro Mariano. Do convívio com esse vaqueiro surge a reportagem poética *Com o vaqueiro Mariano*, publicada no *Correio da Manhã*, Rio de Janeiro, e posteriormente numa edição especial com 110 exemplares pela editora Hipocampo, de Niterói.

Acerca dessa viagem ao Pantanal, Rosa escreve ao amigo Azevedo da Silveira (carta de 05/08/1947), contando que:

> Rodei, pelo Pantanal, pelo planalto, pelo roteiro (às avessas) da Retirada da Laguna. Vi coisas espantosas. Andei de trem, de automóvel, de camionete, de caminhão, de "jardineira", de avião teco-teco, de carro-de-bois, de vapor fluvial, de lancha, de canoa, de batelão, de prancha, de locomotiva, de pontão, de carreta, a pé, a cavalo em cavalo, em boi, em burro... Vestido de cáqui, com polainas de lona, com mochila, cantil, capacete de explorador. Falei com japoneses, colonos búlgaros, ervateiros, vaqueiros, índios Terena, chefes revoltosos, e legalistas paraguaios, no Paraguai, e aqui chego, de volta. (COSTA, 2006, p. 22-3)

Nessas viagens, Rosa impreterivelmente carregava seus caderninhos e ia vendo, vivendo e anotando tudo o quanto lhe seria útil para o fazer literário, mas infelizmente dessa viagem as tais cadernetas se perderam, porém sabe-se que existiram graças ao depoimento de Mariano ao dizer que o dr. Rosa perguntava tudo e tudo queria saber, desde os nomes dos bois até os tipos de plantas e escrevia e por vezes também desenhava.

Essa citação anterior pode ser vista também como uma analogia ao processo de criação bem como de subjetivação de Rosa. Para se chegar à forma perfeita ele se valia de diversos meios que pudessem transportá-lo ao destino almejado, desde a manipulação de diversos idiomas até a construção bem como o resgate de palavras ou em desuso, ou arcaicas, ou adaptadas desses outros idiomas etc.

A subjetivação fica por conta do jeito itinerante de ser, ser esse que se reveste com as diversas roupagens e apetrechos necessários a cada caminhada bem como no fazer-se continuamente no reflexo do sertão que tanto amava, sertão mais que lugar, transcendência.

Em 1948, viaja para Bogotá, como secretário-geral da delegação brasileira, para a IX Conferência Panamericana. Nesse período, dá-se um violento levante na cidade e Guimarães desaparece, um tempo depois Antonio Callado o encontra e pergunta-lhe:

> "Puxa, Rosa! Onde é que você andou?'" E ele me respondeu: "Estava todo o tempo na residência do embaixador". A casa ficava no bairro mais chique de Bogotá, era enorme e tinha um parque imenso. "Mas você não viu o que aconteceu em Bogotá? Puxa, parecia a história de Augusto Matraga, de tanto que mataram gente... Isso aconteceu no meio da rua o tempo todo!" Foi então que ele me disse: "Ora, Callado, o que eu tenho que escrever já está tudo aqui na minha cabeça. Não preciso ver coisa alguma. Está tudo na minha cabeça... Já fiz um livro, estou fazendo outros". - "Mas, Rosa, olha eu garanto que você ficaria impressionado! Foi um espetáculo terrível... O que você fez durante todos esses dias?" Ele disse: "Eu reli o Proust". Vejam só! Ele havia descoberto Proust, numa edição francesa, na Embaixada Brasileira, num bairro de Bogotá, e simplesmente se sentou para reler Proust. Ignorou a cidade que pegava fogo porque já tinha todas as guerras de que precisava dentro da cabeça. (COSTA, 2006, p. 24-5)

No final de 1948, Rosa vai para Paris, onde fica até 1951, inicialmente como Primeiro Secretário e, depois, Conselheiro da Embaixada. Essa época é marcada por diversas viagens, à Itália, lugar adorado, sua "paixão dos quarenta anos" ("A Itália é indescritível. Não é apenas o país mais belo do mundo; é qualquer coisa fora e acima deste mundo, assim mais ou menos pendurada a meio caminho entre o Céu e a Terra."), conhece diversas cidades desse país bem como boa parte da França. Leva uma vida cultural intensa, como narrado em seu diário "Nautikon, lugar das irremediáveis confidências".

Nessas cadernetas encontramos lugares visitados, passeios, conversas com amigos, visitas a museus, descrição de quadros contemplados, desenhos de paisagens, igrejas; leituras e estudos realizados, como Dante, Homero, La Fontaine; enfim, Guimarães mantém no Velho Mundo as mesmas características vividas no Novo Mundo. Seu sertão é todo lugar, e o sertanejo pode ser tanto Dostoiévski ou Tolstói quanto Euclides da Cunha e ele próprio, por exemplo.

Dentre tantas idas e vindas no exterior, fica-lhe sempre o desejo do retorno à terra própria, o lugar do coração. Desejo esse expresso em carta datada de:

> Paris, 23 de fevereiro de 1949.
>
> (...) Eu, como sempre, trabalho muito, e, apesar de estar nesta cidade, tão ambicionada e disputada, sonho com o dia em que voltarei ao Brasil, daqui há quatro anos, para então tirar o meu ano de licença-prêmio, e consagrá-lo a viajar pelo interior de Minas: descer o rio das Velhas em canoa, ir a Paracatu, e outras excursões. (ROSA. V.G. 2006, p. 190)

Finalmente, em 1951, retorna ao Brasil e passa a residir no Rio de Janeiro, onde fora nomeado novamente chefe de gabinete de João Neves da Fontoura e nesse mesmo ano é aceito como sócio efetivo da Sociedade Brasileira de Geografia, antiga disciplina preferida na infância.

Desde que chegou ao Brasil, Rosa planeja voltar a Minas e fazer uma viagem pelo sertão. Assim, em 1952, inicia os preparativos para realizar viagem tão esperada. Comenta com o cônsul e amigo Mário Calábria sobre essa viagem:

> Você vai para Roma, minha branda inveja esvoaça. Quando ouço ou penso Itália minhalma se prostra... Mas amo também outras regiões, mais ásperas. Prova? Estou-me preparando para, daqui a dias, ir acompanhar, rústica, árdua, autenticamente, uma boiada brava, em percurso de 40 léguas, lá do sertão sagarânico, da fazenda da Sirga - entre buritizais belíssimos e chapadões de matagal inviolado - até a fazenda São Francisco, de um meu primo, lá perto de Cordisburgo. Já ando nos preparativos, arrumando mochila, cantil, roupa cáqui, pois serão 15 dias no ermo, a carne seca com farinha-de-mandioca e café com rapadura, sob o sol, poeira, lama e chuva. *Odisseus*. (COSTA, 2006, p. 29)

Essa viagem ficou muito conhecida e foi noticiada na revista *O Cruzeiro,* que enviou alguns repórteres para fotografarem, em parte do percurso, a aventura do já famoso escritor. Os vaqueiros eram "o Tião Leite, o Santana, o Sebastião de Jesus, o Gregório, o Manuelzão, o Bindóia, o Chico Moreira, eu e o João Rosa. Tem o Aquiles também, um bom violeiro. Ah, e um rapazinho que não é falado. Ele não saiu na reportagem (*O Cruzeiro*), era menino, mas acompanhou todos os dias, devia ter saído." (CRUZ, 2004)

Conta-nos Zito, que era o batedor de berrante, vaqueiro que vai na frente, e cozinheiro-de-boiada, e junto de quem Rosa cavalgava lado a lado, perguntando, sem descanso, sobre tudo quanto encontrava e anotava na cadernetinha que levava pendurada ao pescoço, com um lápis amarrado junto.

Desses vaqueiros, alguns se tornaram personagens, dentre os quais o mais conhecido foi o Manuelzão, que surge como personagem na novela de *Corpo de Baile*, "Manuelzão e Miguilim". Muitas das anotações também aparecem em algumas das novelas desse livro, que inicialmente saiu em dois volumes e posteriormente se desmembrou em três. As novelas "Uma estória de amor" (Festa de Manuelzão) e "Dão-Lalalão" foram concebidas nessa viagem, como relata o próprio autor, e "cresceram com outro sentido, em ruminação posterior".

Rosa diz que essa viagem "era não de observação, mas de observância". "Eu trabalhei de ajudante de vaqueiro. Trabalhava de vaqueiro e passava pelos lugares." A viagem durou cerca de dez dias. Segundo Zito, Rosa fez questão de não ter nenhum privilégio e comer do que eles comiam, bem como dormir nos lugares e nas condições em que eles o faziam, mesmo podendo ter algumas regalias já que algumas vezes passavam próximo a fazendas de parentes ou conhecidos de Rosa.

Nesse mesmo ano, animado ainda pela aventura anterior, motivo de uma grande reportagem publicada na revista *O Cruzeiro*, Rosa realiza mais uma viagem pelo sertão, porém agora da Bahia, para os festejos de São João e participar de uma enorme vaquejada em Caldas do Cipó. Nessa viagem, foi acompanhado por ilustres colegas como Assis Chateaubriand e o presidente Getúlio Vargas. Assim se refere à viagem em carta ao pai:

> Rio, 15 de julho de 1952.
>
> Papai,
>
> (...) O passeio à Bahia, sim, esse foi notável. Em Caldas-do-Cipó, pude ver reunidos – espetáculo inédito nos anais sertanejos e creio mesmo que em qualquer parte – cerca de 600 vaqueiros autênticos dos "encourados": chapéu, guarda-peito, jaleco, gibão, calças, polainas, tudo de couro, couro de veado mateiro, cor de suçuarana. Como o Senhor deve ter lido, lá compareceram vaqueiros de vários Estados, e de quase todos os municípios baianos onde há criação de gado, do curraleiro (*pé-duro*) bravo das caatingas. Fui com Assis Chateaubriand, que é o rei dos entusiastas, e tive de vestir também o uniforme de couro e montar a cavalo (num esplêndido cavalo paraibano), formando na "guarda vaqueira" que foi ao campo de aviação receber o Presidente Getúlio Vargas. A mim coube "comandar" os vaqueiros do Soure e de Cipó(!) (...). (ROSA, V.G.,1999, p. 205-6).

Nessas viagens, Rosa não deixa de fazer as anotações que tanto serviram de matéria-prima para as obras que estavam por vir, como ele mesmo diz ao amigo Silveira, ainda em 1946-47:

> Silveirinha meu amigo,
>
> ...Eu ando febril, repleto, com três livros prontos na cabeça, um enxame de personagens a pedirem pouso em papel. Estou apontando os lápis, para começar a tarefa. É coisa dura, e já me assusto, antes de pôr o pé no caminho penoso, que já conheço. Mas, que fazer? Depois de certo ponto, um livro tem de ser escrito, ou fica coagulado na gente, como um trombo numa veia, pior que um "complexo". Tenho esperança de poder criar coisa nova e diferente, de superar o nosso *Sagarana*, com histórias e romances mais humanos, mas ao mesmo tempo, mais meta-humanos, mais super-humanos; que sei!?!... O bom seria fazer-se um livro só, de 5.000 páginas, que seria escrito e reescrito, durante a vida inteira. Ou – que beleza! – três gerações de romancista (pai, filho, neto), trabalhando um *roman-fleuve*, catedralesco, pétreo, tri-geracional... (ROSA, V.G., 1999, p. 363)

O autor nos dá conta, em diversas cartas, de sua produção febril tanto durante a feitura dos livros quanto na finalização desses. Como se pode observar no início da escrita em 1946-7 (citação anterior) e seu final, como na carta enviada ao amigo embaixador e compadre Antonio Azeredo da Silveira, em 1956, ano da publicação de *Corpo de Baile*, em janeiro, e *Grande sertão:* veredas, em maio:

Rio, 9-II-56

Querido compadre

...Queria escrever a cada momento. Mas, na fase final, e nas providências e cooperações da mecânica editorial, os dois livros me maltrataram tanto, que foi até demais. Conto a Você que, na última semana, antes de entregar ao José Olympio o "Grande Sertão", passei três dias e duas noites trabalhando sem interrupção, sem dormir, sem tirar a roupa, sem ver cama: foi uma verdadeira experiência trans-psíquica, estranha, sei lá, eu me sentia um espírito sem corpo, pairante, levitando, desencarnado – só lucidez e angústia. Daí, entregues os originais, foi uma brusca sensação de renascimento, de completa e incômoda liberação, de rejuvenescimento: eu ia voar, como uma folha seca. Imagine, eu passei dois anos num túnel, um subterrâneo, só escrevendo, só escrevendo, só escrevendo eternamente... (ROSA, V. G., 1999, p. 364)

Essas duas obras apontam para um amadurecimento na escrita e nos desenvolvimentos formais iniciados já em *Sagarana*, porém o escritor aperfeiçoou e inovou tanto a técnica narrativa quanto a construção de personagens, por exemplo, aprofundando-os em sua psicologia e conflitos. Principalmente em *Grande sertão*: veredas – em que o autor, em aproximadamente seiscentas páginas, narra uma história épica tendo por pano de fundo o sertão mineiro, com seus jagunços e gente rude, narrando ali a história do amor proibido entre Riobaldo e Diadorim e onde além do aprofundamento na leitura psicológica de seus personagens, demonstra o domínio e a extraordinária criação da linguagem –, obra que caiu como uma bomba no cenário da Literatura nacional.

Esse livro foi ao mesmo tempo exaltado por alguns críticos como uma das mais importantes obras surgidas por aqui nos últimos tempos e outros a execraram com sendo de menor importância, e esses não eram críticos ingênuos, mas alguns de renome e certa projeção, dentre eles podemos ressaltar: Marques Rebelo, Adonias Filho, Ferreira Gullar, Ascendino Leite, Wilson Martins, Nelson Werneck Sodré, José Lins do Rego, Silveira Bueno etc. Esses ataques não impediram que a obra se tornasse sucesso de livraria bem como recebesse prêmios tais como o Machado de Assis, do Instituto

Nacional do Livro; o Carmem Dolores Barbosa, de São Paulo; e o Paula Brito, do Rio de Janeiro. Antonio Candido, um de seus defensores, assim se expressa acerca dessa obra:

> Na extraordinária obra-prima *Grande sertão:* veredas há de tudo para quem souber ler, e nela tudo é forte, belo, impecavelmente realizado. Cada um poderá abordá-la a seu gosto, conforme o seu ofício; mas em cada aspecto aparecerá o traço fundamental do autor: a absoluta confiança na liberdade de inventar. (CANDIDO, A., 1964, p. 121.)

Dentre os que se postaram criticamente a favor de *Grande Sertão*, tais como Antonio Callado, Paulo Rónai, Afrânio Coutinho, Cavalcanti Proença, Oswaldino Marques, Tristão de Ataíde, Pedro Xisto, Antonio Candido etc., podemos destacar um depoimento da escritora Clarice Lispector, em carta de dezembro de 1956, a Fernando Sabino, acerca dessa obra, carta essa que mais que crítica mostrou a autora de *Laços de família* muito emocionada; vejamos, pois, o que ela disse ao amigo:

> Fernando, estou lendo o livro de Guimarães Rosa, e não posso deixar de escrever a você. Nunca vi coisa assim! É a coisa mais linda dos últimos tempos. Não sei até onde vai o poder inventivo dele, ultrapassa o limite imaginável. Estou até tola. A linguagem dele, tão perfeita também de entonação, é diretamente entendida pela linguagem íntima da gente – e nesse sentido ele mais que inventou, ele descobriu, ou melhor, inventou a verdade. Que mais se pode querer? Fico até aflita de tanto gostar. Agora entendo o seu entusiasmo, Fernando. Já entendia por causa de *Sagarana*, mas este agora vai tão além que explica ainda mais o que ele queria com *Sagarana*. O livro está me dando uma reconciliação com tudo, me explicando coisas adivinhadas, enriquecendo tudo. Como tudo vale a pena! A menor tentativa vale a pena. Sei que estou meio confusa, mas vai assim mesmo, misturado. Acho a mesma coisa que você: genial. Que outro nome dar? Esse mesmo. Me escreva, diga coisas que você acha dele. Assim eu ainda leio melhor. Um abraço da amiga Clarice. (COSTA, 2006, p. 35)

O ano de 1957 encerra-se com o autor apresentando problemas de saúde devido aos excessos de cigarro, de peso e de trabalho, bem como pela vida sedentária, e um ano depois se vê obrigado a ter uma vida mais controlada, em virtude de uma hipertensão arterial.

Com a morte de José Lins do Rego, candidata-se à Academia Brasileira de Letras e concorre com Afonso Arinos de Melo Franco à Cadeira de número 25, porém, quatro meses depois, perde a eleição para o concorrente e comenta esse resultado com o amigo Paulo Dantas em carta de 4/2/58:

> (...) O resultado você viu, foi o que foi: deu em água de barrela. Do "estouro", salvei dez garrotes - isto é, os dez votos bons, que deram para "salvar a face". Não me aborreci, nada (você viu e sabia qual era meu anterior estado de espírito). Sinto é uma caudalosa alegria, uma viva batida de libertação... (DANTAS, 1975, p. 83-4)

Ainda acerca desse episódio da eleição, Rosa e o poeta Manuel Bandeira faziam troça de forma jocosa e também poética, trocando algumas "sextilhas" e "lérias". Escrevia Bandeira ao prosador: "Não permita Deus que eu morra / Sem que ainda vote em você", e Guimarães responde com outros versos e finaliza dizendo: "Louros e não rosas, noto, / Vão bem a uma Academia". O poeta, então, complementa: "Antes, porém, me prometa, / pelo Senhor do Bonfim, / Que à minha futura vaga / Você se apresenta sim?".

Em '58, iniciam-se os pedidos para a tradução de sua obra, *Grande Sertão*, para o alemão. O tradutor Curt Meyer-Clason solicita autorização para iniciar a tradução, que vai se dar somente em '62, em virtude da demora das negociações com as editoras alemãs. A tradução foi um grande sucesso, tendo em '64 se esgotado rapidamente três edições da obra, cujo lançamento fora prestigiado pelo próprio presidente da Alemanha Ocidental, Luebke. Clason foi um tradutor muito considerado por Rosa, que dá esse depoimento a Günter Lorenz, anos depois:

> G.L.: (...) Você tem fama de ser um autor terrivelmente trabalhador, cuja aplicação é superada apenas pelo seu tradutor alemão...
>
> J.G.R.: (*rindo*) Meyer-Clason, se estivesse aqui para nos escutar! Pretende sempre que tudo seja feito com muita exatidão. Para ele a literatura é uma religião. Verdade mesmo, ele é um diabo de homem, um gênio da tradução, o melhor tradutor que eu conheço. (LORENZ, in Rosa, JG. *Ficção completa*, 1994, p. 35-6)

Mais adiante, Rosa vai comentar sobre a tradução do *Grande Sertão* em que uma dada passagem é, segundo o tradutor, melhor representada no alemão do que o foi no português, ao que o escritor por fim concorda e se propõe a fazer alterações nas edições seguintes, levando-se em conta a tradução.

A tradução fascinava Rosa que em sua vida realizou uma para a *Biblioteca de Seleções do Reader's Digest*. O livro era *O último maçarico*, de Fred Bodsworth. Bandeira, que recebera um exemplar de Rosa, comenta sobre a tradução:

> Era a história de um pássaro. Rosa mandou vir dos Estados Unidos o romance completo. Mandou vir também tratados de ornitologia. Fez a tradução, reescreveu-a cinco vezes. No fim saiu obra perfeita, coisa que não era no original. (BANDEIRA, M. 1966, "Um encontro casual com Rosa" in *Andorinha, andorinha.* Rio de Janeiro, José Olympio)

Rosa manterá intensa correspondência não apenas com seu tradutor alemão, mas também com os de outros idiomas, como o italiano, Edoardo Bizzarri, a Inglesa Harriet de Onís, o francês Jean-Jacques Villard etc. Despenderá enorme tempo em cartas com esses tradutores, discutindo expressões, frases, palavras, chegando às minúcias tanto do próprio idioma quando dos traduzidos.

Veja-se, a esse respeito, os livros publicados contendo as correspondências com seus tradutores, como, por exemplo, os relativos às cartas trocadas entre Rosa e Meyer-Clason ou Bizzarri, em que se pode ver a consciência e o domínio que o autor detinha dos respectivos idiomas, bem como a profundidade e amplitude de sua criação linguística.

Ainda em '58, no mês de maio, Rosa é promovido a ministro de primeira classe (cargo correspondente ao de embaixador, atualmente), por merecimento, e recebe, por intermédio de um telefonema, a notícia de seu antigo colega, médico e agora presidente, Juscelino Kubitschek, que acabara de assinar o pedido.

Ao final desse ano, no dia trinta de novembro, Rosa sofre um enfarte e se vê às voltas com médicos e exames. Já poucos dias antes, em 17 de novembro, escreve a Paulo Dantas, comentando uma falta de ânimo e pouca disposição:

> Eu ando meio quejando - saúde e clima, certo marasmo. Agora, vou reagir. A vida exige pressa, exige tenência e macheza curtida. Eu andei meio sem impulso, essas coisas. Acho que preciso de ir dar também uma boa espiada, Urucúia por lá, cheirar de novo o sertão, os currais de manhã, odor de bosta de vaca, pios de pássaros-pretos. (DANTAS, P. *Op. cit.*)

Após o enfarte, ele é obrigado a severas restrições, diminuir peso, deixar o cigarro (havia tentado e não conseguido, como não deixou realmente até o final da vida, motivado por novo enfarte), ou seja, o que lhe fora sugerido anteriormente pelos médicos.

Finaliza, ainda, a quinta edição de *Sagarana*, que segundo ele será a definitiva, não mexeria mais nas próximas. Todas as anteriores diferenciam enormemente dessa última, da primeira até essa passaram-se vinte e um anos, como observa Graciliano Ramos, parece que talvez o hábito de contemplar bois tenha levado o escritor a trabalhar com lentidão bovina. A respeito dessa reescrita, bem como do artifício do editor para interromper esse furor de correção do autor, Rosa comenta em carta a Harriet de Onís que:

> Rever qualquer texto meu, já de si, é qualquer coisa de tremendo, porque o meu incontentamento é crescente, na ânsia da perfectibilidade, fico querendo reformar e reconstruir tudo, é uma verdadeira tortura. Por exemplo, dir-lhe-ei que as cinco edições do *Sagarana* são todas diferentes, refeitas, remodeladas, remexidas. Por fim, para ver se eu conseguia deixar isso de lado, e me voltava para escrever outros e novos livros, o meu Editor, José Olympio, mandou matrizar ou estereotipar a composição, guardando-a nos chumbos, e impedindo-me assim, de permanecer na classe de Danaide ou Sísifo. (*Carta a Harriet de Onis*, 23-04-1959, Fundo JGR, IEB/Usp).

Esse ano de 1959 foi um período em que se viu às voltas com muitos cuidados com a saúde e também dedicou-se às traduções de suas obras, cujas excessivas solicitações das editoras estrangeiras eram "Um trabalho danado, com o serviço trivial, outras coisas; e a correspondência com as editoras estrangeiras, que andam querendo traduzir o Sertão nosso, despejando forte" (DANTAS, 1975, p. 99).

Entre '60 e '61, Rosa dedica-se, além das correspondências com seus tradutores, à escrita de pequenos contos para jornais e revistas (fora convidado por Paulo Francis, editor da revista *Senhor*, a escrever na "Seção de Literatura", em que colaboravam também, Rubem Braga, Carlos Drummond, Aníbal Machado, Fernando Sabino, Vinícius de Moraes, Jorge Amado, Paulo Mendes Campos, Clarice Lispector e outros). Sobre essa escrita em periódicos, como as curtas histórias para *O Globo*, por exemplo, e nos prazos tão exíguos, Manuel Bandeira vai comentar que:

> Ora, uma semana não dá para Rosa caprichar nas suas invenções verbais (há sempre invenções verbais em tudo o que Rosa escreve). Daí a angústia. Rosa confidenciou-me: "- Começo a escrever, um mundo de coisas, ideias, imagens, reminiscências, me acodem. Escrevo cinco, dez, 15 páginas. É preciso reduzir a três. Começo a cortar, começo a corrigir. O meu desejo é então continuar a corrigir até o fim da minha vida. Mas há que entregar os originais. E no dia seguinte começar coisa nova."
>
> E Bandeira profetiza: "Escrever para jornal é como escrever na areia. Rosa não escreve na areia: Rosa grava na pedra. Para a eternidade. Assim, o que Rosa está fazendo em *O Globo* é, capítulo a capítulo, mais um livro, digno de ficar junto de *Sagarana*, *Corpo de Baile* e *Grande Sertão: veredas*" (COSTA, 2006, p. 41)

Em junho, dia 29, recebe o prêmio Machado de Assis, da Academia Brasileira de Letras, pelo conjunto da obra. O interesse público aumenta a cada dia bem como suas traduções para diversos países. Continua escrevendo pequenos contos para várias publicações e apenas em '62 lança um novo livro: *Primeiras histórias*. Este diferencia-se dos anteriores tanto pelas dimensões, não é tão mastodôntico (expressão de Rosa) como os anteriores, quanto pelo estilo mais aprimorado, com experimentações formais mais minuciosas, tendo sido chamado por comentadores até de pequenas obras de porcelana chinesa, de tão singelos e poéticos são esses vinte e um contos.

Também na vida diplomática ocorrem mudanças. Em janeiro, assume a chefia do Serviço de Demarcação de Fronteiras, no Itamaraty. E tomará parte ativa nas questões referentes aos casos do Pico da Neblina, em '65, bem como no das Sete Quedas, em '66, sendo seu papel de extrema importância, mais de uma vez Rosa relata em diversas correspondências o trabalho extenuante por conta dessas questões.

Participa ainda do Primeiro Colóquio de Escritores Latino-americanos e alemães, realizado em Berlim onde conhece pessoalmente Meyer-Clason que disse ter sido Rosa "um dos participantes do Colóquio que mais se empolgou pela problemática da tradução, chegando até a propor a fundação de uma organização, talvez subvencionada pelo Estado".

Continua o escritor a escrever pequenas histórias para a revista *Senhor* e o jornal *O Globo*, textos esses que posterior e postumamente serão publicados, em sua maioria, nos livros *Estas histórias,* em 1969, e *Ave Palavra*, em 1970, ambos com o trabalho árduo de organização do amigo Paulo Rónai, que compartilhara por muitos anos da companhia e das ideias do escritor. O primeiro desses livros, Rosa deixara praticamente pronto e o segundo já contava com "pistas" para sua confecção, tais como um sumário sugerido.

Com a morte do amigo e chefe João Neves da Fontoura, com quem trabalhara no Itamarati, Rosa se candidata à cadeira de número 2, ocupada por esse na Academia Brasileira de Letras. Quatro meses depois, em seis de agosto, é eleito por unanimidade e convida Afonso Arinos de Melo e Franco, o acadêmico que o derrotara em '58, para recebê-lo na cerimônia de posse, coisa que não se deu imediatamente em virtude de uma crença do escritor de que a emoção seria tanta que não resistiria ao evento e passou a adiá-la até 1967, quando decidiu realizá-la em dezesseis de novembro, dia do centenário do nascimento de João Neves da Fontoura.

A obra de Rosa começa a despertar o interesse de cineastas que o procuram para realizar filmes baseados em seu livro *Grande sertão:*veredas, pelos irmãos Geraldo e Renato Santos Pereira e no conto "A hora e a vez de Augusto Matraga", pelo diretor Roberto Santos, filme que será rodado em 1965. O primeiro não foi muito bem recebido pela crítica e pelo autor que, conta-se, ao sair do cinema foi questionado sobre se havia gostado ou não, ao que o escritor respondeu "Vim para ver um épico e acabei vendo um filme hípico". O segundo teve outro destino, foi sucesso de crítica e público e participou de vários festivais fora do país.

Nesse ano, a obra de Rosa já é conhecida em diversos países, tais como na França, na Itália, nos Estados Unidos, no Canadá, na Alemanha (onde *Grande Sertão:* veredas alcançara três edições).

Em janeiro de '65, Rosa viaja para Gênova (Itália), onde vai participar do Congresso Internacional de Escritores Latino-Americanos e onde é criada a Sociedade de Escritores Latino-Americanos que terá como vice-presidentes Rosa e Asturias. Concomitantemente a esse evento, ocorre um Congresso sobre o Cinema Novo brasileiro, onde Glauber e Rosa discutem sobre o filme de Pasolini *O evangelho segundo São Mateus*. O cineasta e o escritor se admiram e quando da "filmagem de *Terra em transe*, Rosa chega a mandar um recado a Glauber, dizendo que 'Deus está nos detalhes'" (COSTA, 2006, p. 47).

Nesse Congresso também ocorre a tão famosa entrevista que Günter Lorenz consegue com Guimarães Rosa, tão avesso este a entrevistas, e ao ouvir esta palavra de Lorenz, Rosa pede a este que:

> (...) não use essa horrível expressão "entrevista". Eu certamente não teria aceito seu convite se esperasse uma entrevista. As entrevistas são trocas de palavras em que um formula ao outro perguntas cujas respostas já conhece de antemão. Vim, como combinamos, porque desejávamos conversar. Nossa conversa, e isso é o importante, desejamos fazê-la em conjunto. (ROSA, J.G., 1994, p. 29)

Essa "conversa" é de extrema importância na medida em que esclarece alguns pontos acerca do processo de criação bem como da filosofia de vida de Rosa. Voltaremos posteriormente a certos aspectos dessa "entrevista", que fora publicada no Brasil apenas após a morte do escritor, com o título de "Diálogo com Guimarães Rosa".

Nesse ano de '65, a esposa de Rosa, Aracy, que com ele viveu aproximadamente trinta anos, conta em entrevista como é o dia a dia do escritor (publicado no jornal *Última Hora* de 20/06):

> Joãozinho quando escreve vive numa febre, numa exaltação, num deslumbramento. Quando termina um livro, sente-se aliviado, mas mal acaba de entregar os originais ao editor, já começa a pensar num próximo. Não pára nunca. Em casa está sempre lendo, escrevendo, estudando todo o tempo. [*gosta de*] comer bolo e tomar café frio, quando escreve. Andar em fazendas. Uma vez acompanhou uma boiada. Andar de

ônibus, de olhos fechados, meditando durante o trajeto. Aos domingos, de ônibus, costuma ir para longe. Usina, Jacarepaguá. Gosta ainda de viajar pelo Brasil, que conhece muito bem, e de ficar em casa, deitado numa rede, olhando o mar do Arpoador. Daqui da varanda. [*não gosta de*] grã-finagem e vida social intensa, o que não quer dizer que não saiamos esporadicamente. (COSTA, 2006, p. 47-8)

A frase de dona Aracy, de que ele "não para nunca", vem ao encontro do que o autor certa vez falou sobre o mineiro, definindo-o, entre outros atributos, como alguém que sabe a diferença entre agir e agitar; e Rosa como bom mineiro que era mais agia que agitava, talvez por isso fugia tanto das pompas sociais bem como das entrevistas, como vimos. Tinha um sentido do tempo muito particular, pois como achava que morreria cedo (o que de fato aconteceu), julgava não ter muito tempo a perder com as desimportâncias da vida.

Algumas ideias para contos "surgiram", segundo Rosa, nesses passeios de ônibus ou em caminhadas pelas ruas; foi o que se deu, por exemplo, com o conto "A terceira margem do rio", que, segundo ele, ocorreu-lhe quando voltava a pé para casa e o conto quase que caiu-lhe, por completo, por sobre sua cabeça, e teve de voltar correndo para casa para escrevê-lo.

Esse distanciamento das "agitações" públicas não incluíam os fatos referentes à escrita e aos livros, pois, em 1966, Rosa participa do 34 Congresso Internacional do Pen Clube, em Nova York, presidido por Arthur Miller e que contou, entre seus participantes, com a presença de vários escritores latino-americanos, como Mario Vargas Llosa, Carlos Fuentes, Victoria Ocampo, Emir Rodriguez Monegal (que posteriormente escreverá um texto contando de seus encontros com o autor de *Grande sertão:* veredas, e sua admiração pelo escritor) e Pablo Neruda.

Em carta escrita (10/1966) à jovem prima Lenice, citada anteriormente, em que o autor responde a questionário sobre os idiomas que domina, entre outras coisas, ele fala ainda sobre algumas questões pessoais como o livro preferido, dizendo que é sempre o próximo, porém não se furta a comentar que a novela de Corpo de Baile, *Campo Geral* (Miguilim), é uma de suas preferidas: "Por quê? Porque ela é mais forte que o autor, sempre me emociona; eu choro cada vez que a releio, mesmo para rever as provas tipográficas. Mas o porquê, mesmo, a gente não sabe, são mistérios do mundo afetivo". Aconselha, ainda, a priminha de Curvelo-MG, e as amigas do grupo a se importarem mais com a obra que com o autor, alegando que: "Os livros, em si, é que são importantes. Os autores, não. O autor é uma sombra, a serviço de coisas mais altas, que às vezes ele nem entende".

Ainda em '66, Rosa recebe do governador Israel Pinheiro a Medalha da Inconfidência, e no final do ano, a dois de dezembro, a Condecoração da Ordem de Rio Branco.

O ano de 1967 apresenta-se para João Guimarães Rosa repleto de fatos e feitos, logo em janeiro viaja a Manaus para reunião com embaixadores, onde passa uma semana. Em março vai ao México, para representar o Brasil no II Congresso Latino-Americano de Escritores, atuando como vice-presidente. Em maio, escreve ao amigo Pedro Barbosa contando que faz parte agora do Conselho Federal de Cultura, nessa atribuição escreve um "Parecer sobre a unificação da ortografia portuguesa" e posteriormente elabora pronunciamento sobre o novo acordo ortográfico. Participa como júri, juntamente com Jorge Amado e Antonio Olinto, do II Concurso Nacional de Romance "Walmap".

Em meados desse ano, Rosa lança mais um livro de contos, *Tutaméia* (*Terceiras estórias*), não havendo, como se sabe, um segundas estórias entre este e o anterior, *Primeiras estórias*. Em relação a esse fato, o filósofo Benedito Nunes inquire o escritor:

> Já tinham saído as *Primeiras*, então, eu perguntei: "E as segundas? Essas são as terceiras!" E ele disse: "Ah! Isso é um mistério que eu não posso revelar!" E então ficou no domínio do segredo, do secreto, do oculto... (COSTA, 2006, p. 52)

Neste livro, o experimentalismo do autor chega a preocupar alguns críticos, que temem que o autor se torne tão hermético a ponto de ficar ininteligível. O livro apresenta dois índices diferentes, quatro prefácios e quarenta e quatro contos. O índice tem ainda a peculiaridade de ser disposto em ordem alfabética, com exceção dos contos que ao chegar em J. seguem-se G. e R., ou seja, as iniciais do autor, e continua-se a ordem normal L, M etc. Os experimentos formais são de tal ordem que tornam o livro de difícil compreensão, porém o sucesso de vendas não foi diferente dos anteriores. Segundo Paulo Rónai:

> (...) É nestes [prefácios] que, pela primeira vez, Guimarães Rosa condescende em explicar-se; mas como que arrependido ao mesmo tempo de romper um longo silêncio, envolve as suas confidências em tantos véus de circunlóquios e metáforas que essa auto-interpretação acaba por tornar o livro ainda mais hermético. (RÓNAI, P. 1973, p. 160)

Guimarães Rosa resolve finalmente tomar posse na Academia Brasileira de Letras. Marca para 16 de novembro de 1967, data em que seu antecessor completaria oitenta anos. O autor de *Sagarana* decide-se, porém não sem muita apreensão (achava que morreria durante a posse), e ensaiou a leitura várias vezes, lendo para amigos, combinou com Austregésilo de Athayde que, se se sentisse mal, passaria a mão sobre a testa e esse deveria encerrar a cerimônia, suprimindo os cumprimentos, enfim, no dizer de Afonso Arinos:

> Na noite de 16, com o salão repleto, apesar da forte chuva que caía na cidade, leu o discurso com perfeita dicção, voz pausada, ritmo perfeitamente certo. Tinha ensaiado perfeitamente. Mas no fecho, quando leu aquelas últimas, admiráveis e misteriosas linhas sobre a morte, perdeu quase o fôlego. Sentia-se que chorava por dentro. Mas chorava o quê? Chorava a morte do amigo que passara havia muito, ou a própria que sentia chegar em pouco? Quem sabe? "O mundo é mágico", como ele disse no fim. (FRANCO, A.A. de M., in *Em memória de João Guimarães Rosa*, 1968, p. 148)

Relata ainda Arinos sobre o dia de 19 de novembro, dia da morte do escritor que:

> A hora foi perto das 8 da noite. Contou-me a esposa que saíra para a missa na igrejinha de Copacabana, que fica ao lado de onde morava. Ele ainda lhe acenou da janela. Quando chegou, a netinha – parece que era a única pessoa em casa – recebeu-a assustada: "- Vá ver vovô". Encontrou-o na poltrona angustiado. Os olhos desmesuradamente abertos, quis falar, mas não pôde mais. Olhava somente, parecia indagar e relatar tudo pelas pálpebras abertas: os olhos como que voltados para dentro e para fora, para um e o outro mundo. A senhora que era a sua secretária

> no Itamarati também lá estava e contou-me que Rosa lhe chamara ao telefone, pedindo a assistência do marido que é médico. Ela pensou em convocar o Pronto Socorro Cardíaco, mas não podia fazê-lo, porque ele não desligava o telefone. Ela, então, correu ao apartamento vizinho para fazer a ligação. Quando voltou, Rosa ainda estava no aparelho e lhe disse apenas "Socorro" e depois não falou mais. (FRANCO, A.A. de M. *op.cit.* p. 149)

Em seu discurso à Academia, Rosa ao falar da morte do amigo João Neves da Fontoura, parecia estar referindo-se à própria, e emocionado disse que "*As pessoas não morrem, ficam encantadas*". Encantou-se o Joãozito, lugar do coração, Cordisburgo.

***

Convém acrescentar alguns dizeres de Guimarães Rosa acerca de sua forma de escrita, sua visão de mundo, enfim, sua palavra em sua própria voz, já que o autor pouco falou de si. As frases aqui citadas foram retiradas da entrevista a Günter Lorenz (1994), à qual nos referimos anteriormente.

> (...) Sim, fui médico, rebelde, soldado. Foram etapas importantes de minha vida, e, a rigor, esta sucessão constitui um paradoxo. Como médico conheci o valor místico do sofrimento; como rebelde, o valor da consciência; como soldado, o valor da proximidade da morte... (p. 31)

> (...) mas tudo: a vida, a morte, tudo é, no fundo, paradoxo. Os paradoxos existem para que ainda se possa exprimir algo para o qual não existem palavras. Por isso, acho que um paradoxo bem formulado é mais importante que toda a matemática, pois ela própria é um paradoxo, porque cada fórmula que o homem pode empregar é um paradoxo. (p. 32)

> Veja você, Lorenz, nós, os homens do sertão, somos fabulistas por natureza. Está no nosso sangue narrar estórias; já no berço recebemos esse dom para toda a vida. Desde pequenos, estamos constantemente escutando as narrativas multicoloridas dos velhos, os contos e lendas, e também nos criamos em um mundo que às vezes pode se assemelhar a uma lenda cruel. Deste modo a gente se habitua, e narra estórias que correm por nossas veias e penetra em nosso corpo, em nossa alma, porque o sertão é a alma de seus homens. Assim, não é de estranhar que a gente comece desde muito jovem. Deus meu! No sertão, o que pode uma pessoa fazer do

seu tempo livre a não ser contar estórias? A única diferença é simplesmente que eu, em vez de contá-las, escrevia. (p. 33)

(...) Eu trazia sempre os ouvidos atentos, escutava tudo o que podia e comecei a transformar em lenda o ambiente que me rodeava, porque este, em sua essência era e continua sendo uma lenda. (p. 34)

(...) Escrevo, e creio que este é o meu aparelho de controle: o idioma português, tal como o usamos no Brasil; entretanto, no fundo, enquanto vou escrevendo, eu traduzo, extraio de muitos outros idiomas. Disso resultam meus livros, escritos em um idioma próprio, meu, e pode-se dizer que daí não me submeto à tirania da gramática e dos dicionários dos outros. A gramática e a chamada filologia, ciência linguística, foram inventadas pelos inimigos da poesia. (p. 35)

Não preciso inventar contos, eles vêm a mim, me obrigam a escrevê-los. Acontece-me algo assim como vocês dizem em alemão: *Mich reitet auf einmal Teufel*, que neste caso se chama precisamente inspiração. Isto me acontece de forma tão consequente e inevitável, que às vezes quase acredito que eu mesmo, João, sou um conto contado por mim mesmo. É tão imperativo... (p. 35)

(...) Minha biografia, sobretudo minha biografia literária, não deveria ser crucificada em anos. As aventuras não têm tempo, não têm princípio nem fim. E meus livros são aventuras; para mim são minha maior aventura. Escrevendo, descubro sempre um novo pedaço de infinito. Vivo no infinito; o momento não conta. Vou lhe revelar um segredo: creio já ter vivido uma vez. Nesta vida, também fui brasileiro e me chamava João Guimarães Rosa. Quando escrevo, repito o que vivi antes. E para estas duas vidas um léxico apenas não me é suficiente. Em outras palavras: gostaria de ser um crocodilo vivendo no rio São Francisco. O crocodilo vem ao mundo como um *magister* da metafísica, pois para ele cada rio é um oceano, um mar de sabedoria, mesmo que chegue a ter cem anos de idade. Gostaria de ser um crocodilo, porque amo os grandes rios, pois são profundos como a alma do homem. Na superfície são muito vivazes e claros, mas nas profundezas são tranquilos e escuros como os sofrimentos dos homens. Amo ainda mais uma coisa de nossos grandes rios: sua eternidade. Sim, rio é uma palavra mágica para conjugar eternidade. (p. 37)

(...) Não deve haver nenhuma diferença entre homens e escritores; esta é apenas uma maldita invenção dos cientistas, que querem fazer deles duas pessoas totalmente distintas. Acho isso ridículo. A vida deve fazer justiça à obra, e a obra à vida. Um escritor que não se atém a esta regra não vale nada, nem como homem nem como escritor. (p. 38)

(...) o escritor, o bom escritor, é um arquiteto da alma. (p. 40)

(...) Deve-se apenas partir do princípio de que há dois componentes de igual importância em minha relação com a língua. Primeiro: considero a língua como meu elemento metafísico, o que sem dúvida tem suas consequências. Depois, existem as ilimitadas singularidades filológicas, digamos, de nossas variantes latino-americanas do português e do espanhol, nas quais também existem fundamentalmente muitos processos de origem metafísica, muitas coisas irracionais, muito que não se pode compreender com a razão pura. O elemento metafísico... (p. 45)

(...) Meu lema é: a linguagem e a vida são uma coisa só. Quem não fizer do idioma o espelho de sua personalidade não vive; e como a vida é uma corrente contínua, a linguagem também deve evoluir constantemente. Isto significa que como escritor, devo me prestar contas de cada palavra e considerar cada palavra o tempo necessário até ela ser novamente vida. O idioma é a única porta para o infinito, mas infelizmente está oculto sob montanhas de cinzas. Daí resulta que tenha de limpá-lo, e como é a expressão da vida, sou eu o responsável por ele, pelo que devo constantemente *umsorgen*. Soa a Heidegger, não? Ele construiu toda uma filosofia muito estranha, baseado em sua sensibilidade para com a língua, mas teria feito melhor contentando-se com a língua. Sim, com isto eu já disse todo o fundamental sobre minha relação com a língua. É um relacionamento familiar, amoroso. A língua e eu somos um casal de amantes que juntos procriam apaixonadamente, mas a quem até hoje foi negada a bênção eclesiástica e científica. Entretanto, como sou sertanejo, a falta de tais formalidades não me preocupa. Minha amante é mais importante para mim. (p. 47)

O bem-estar do homem depende do descobrimento do soro contra a varíola e as picadas de cobras, mas também depende de que ele devolva à palavra seu sentido original. Meditando sobre a palavra, ele se descobre a si mesmo. Com isso ele repete o processo da criação. Disseram-me que isto era blasfemo, mas eu sustento o contrário. Sim! A língua dá ao escritor a possibilidade de servir a Deus corrigindo-o, de servir ao homem e de vencer o diabo, inimigo de Deus e do homem. (p. 48)

(...) Legítima literatura deve ser vida. Não há nada mais terrível que uma literatura de papel, pois acredito que a literatura só pode nascer da vida, que ela tem de ser a voz daquilo que eu chamo "compromisso do coração". A literatura tem de ser vida! O escritor deve ser o que ele escreve. (p. 48)

Não sou um revolucionário da língua. (...) Se tem de haver uma frase feita, eu preferiria que me chamassem de reacionário da língua, pois quero voltar cada dia à origem da língua, lá onde a palavra ainda está nas entranhas da alma, para poder lhe dar luz segundo a minha imagem. (p. 49)

Escrever é um processo químico; o escritor deve ser um alquimista. Naturalmente, pode explodir no ar. A alquimia do escrever precisa de sangue do coração. Não estão certos, quando me comparam com Joyce. Ele era um homem cerebral, não um alquimista. Para poder ser feiticeiro da palavra, para estudar a alquimia do sangue do coração humano, é preciso provir do sertão. (p. 49)

(...) Expondo-me ao perigo de que meus leitores alemães me apedrejem, ou, o que seria pior, não leiam meus livros por eu estar atentando contra o que eles têm de mais sagrado, eu lhe digo: Goethe nasceu no sertão, assim como Dostoievski, Tolstoi, Flaubert, Balzac; ele era, como os outros que eu admiro, um moralista, um homem que vivia com a língua e pensava no infinito. (p. 49)

Somente renovando a língua é que se pode renovar o mundo. Devemos conservar o sentido da vida, devolver-lhe esse sentido, vivendo com a língua. Deus era a palavra e a palavra estava com Deus. Este é um problema demasiado sério para ser largado nas mãos de uns poucos ignorantes com vontade de fazer experiências. O que chamamos hoje linguagem corrente é um monstro morto. A língua serve para expressar ideias, mas a linguagem corrente expressa apenas clichês e não ideias; por isso está morta, e o que está morto não pode engendrar ideias. Não se pode fazer dessa linguagem corrente uma língua literária, como pretendem os jovens do mundo inteiro sem pensar muito. (p. 52)

No dia em que completar cem anos, publicarei um livro, meu romance mais importante: um dicionário. Talvez um pouco antes. E este fará as vezes de minha autobiografia. (p. 53)

"ESTA OBRA POR FAZER EXIGIA ESTA VIDA POR VIVER"

O artista é a origem da obra, a obra é a origem do artista.

Heidegger

Após ter discutido a possibilidade ou não de se fazer uma biografia, bem como a realização de uma pequena biografia do escritor João Guimarães Rosa, vamos agora nos ater à questão da relação autor-obra, levando-se em conta alguns conceitos de Merleau-Ponty para tentarmos dar uma resposta à questão da criação. A relação autor-obra é evidente, quando se pensa nas artes em geral bem como para nós na literatura em particular.

A intenção não é fazer uma "leitura" do escritor via obra, apontando para aspectos da vida do autor correlacionando os com trechos ou obras deste mesmo autor, por achar esse expediente extremamente tedioso, apesar de em geral as obras apresentarem lá algumas correspondências com a vida de seu criador. O que buscamos é o "algo" que leva o autor a criar, é atentar para o "quem" dos textos e do autor em correlação, ou melhor para o silêncio de onde se origina a obra.

Segundo Merleau-Ponty, "O ser é o que exige de nós criação para que dele tenhamos experiência", ora a experiência a que se refere o autor é a do mundo vivido, lugar único de onde se é possível dar à luz a criação, por que dar à luz a criação e não apenas à obra?, por que a obra é o próprio ato da criação implicado nela, não se cria sem o necessário ato criativo implicado na criação. Como explicita Chaui, acerca de Merleau-Ponty:

> Por que *criação*? Porque entre a realidade dada como um fato, instituída, e a essência secreta que a sustenta por dentro há o momento instituinte no qual o ser vem a ser: para que o ser do visível venha à visibilidade, solicita o trabalho do pintor; para

> que o ser da linguagem venha à expressão, pede o trabalho do escritor; para que o ser do pensamento venha à inteligibilidade, exige o trabalho do filósofo. (CHAUI, M. 2002, p. 151-2)

Assim, podemos pensar na criação surgindo não de um fora qualquer, de uma elaboração estabelecida pela razão apenas, mas do interior da própria vida vivida. O autor não transmite conscientemente seu ser para a obra, mas participa desse momento instituinte, quer dizer, só é possível, segundo esse raciocínio, o instituído por que o instituinte o está sustentando. O instituinte, nesse sentido, é o quiasma que possibilita e sustenta o instituído. Ou seja, o escritor se expressa na medida mesma em que o ser da linguagem assim o "solicita".

Segundo Chaui (lendo Merleau-Ponty), o que "amarra num tecido único experiência, criação, origem e Ser" é o laço que prende Espírito Selvagem e o Ser Bruto. Assim:

> O Espírito Selvagem é atividade nascida de uma força - "eu quero", "eu posso" - e de uma carência ou lacuna que exigem preenchimento significativo. O sentimento do querer-poder e da falta suscita a ação significadora que é, assim, experiência ativa de determinação do indeterminado: o pintor desvenda o invisível; o escritor quebra o silêncio; o pensador interrompe o impensado. Realizam um trabalho no qual vem exprimir-se o co-pertencimento de uma intenção e de um gesto inseparáveis, de um sujeito que só se efetua como tal porque sai de si para ex-por sua interioridade prática como *obra*. (CHAUI, 2002, p. 153.)

Dessa forma, o espírito selvagem é que possibilita a realização da obra no sentido de que é por intermédio dele que essa mesma obra se faz da necessidade de um ato ou gesto, suscitado por uma falta que pede uma determinada experiência criadora que a signifique.

Somente agindo é que o artista faz com que a lacuna se preencha de significação, assim, a intenção e o gesto instauram a expressão original do artista, vale aqui a frase que diz que "o caminho só se faz ao caminhar". Merleau-Ponty nos diz que o "criador não se contenta em ser um animal culto, mas vai à origem da cultura para fundá-la novamente", e fundá-la é de certa maneira fazer com que ela surja do instituído da cultura a partir desse gesto instituinte, que em última instância é o gesto criador. É nesse sentido que Merleau-Ponty

(...) fala numa visão, numa fala e num pensar instituintes que empregam o instituído – a cultura – para fazer surgir o jamais visto, jamais dito, jamais pensado – a obra. (Id. Ibid, p. 155)

Vimos, durante a biografia de Rosa, o quanto esse instituído (dentro desse instituído cabe não apenas suas aventuras de infância, bem como sua experiência médica, suas viagens diplomáticas, leituras, estudo de idiomas etc.) também é fundamental para o estabelecimento de sua obra.

E, por outro lado, o que vem a ser o Ser Bruto? Segundo Merleau-Ponty, é o "ser da indivisão, que não foi submetido à separação (...) entre sujeito e objeto, alma e corpo, consciência e mundo, percepção e pensamento" (id. Ibid, p.155). Ainda, o Ser Bruto:

(...) é o originário, não como algo passado que se desejaria repetir ou ao qual se desejaria regressar, mas a origem como o aqui e o agora que sustenta, pelo avesso, toda forma de expressão. (Id. ibid. p. 155)

O ser bruto propicia de certa maneira o "fundo do qual e no qual a criação emerge". Assim, o entrelaçamento entre os dois, espírito selvagem e ser bruto, é que possibilita a criação, é que dá a substância para que toda e qualquer criação surja, se faça, pois que "(...) o invisível permite o trabalho de criação do visível, o indizível o do dizível, o impensável, o do pensável.", e; "(...) O mundo da cultura, fecundidade que passa, mas não cessa, é o parto interminável do Ser Bruto e do Espírito Selvagem." (Id. Ibid, p. 155-6)

Voltemos, pois, a Guimarães Rosa, para entender em que tudo isso pode nos ajudar a perceber a relação autor-obra bem como a criação nesse autor.

Vemos, ao escrever a biografia de Rosa, que este vive diversos eventos por toda a sua história. Esses eventos são compostos tanto pelo que aconteceu com ele quanto pelo que ele ouviu, leu, presenciou, sentiu, enfim por tudo quanto se lhe esteve de alguma forma presente ao espírito, direta ou indiretamente, tudo aquilo a que esteve exposto, tudo quanto ele habitou ou mesmo foi habitado por ele.

Assim, aos poucos, foi-se criando em seu interior todo um lastro que em última instância pode ser denominado *cultura*. Essa cultura interna, e também por que não dizer externa, é o que motiva a obra, porém não é o que a engendra como ato criativo. Não é o fato de Rosa ter presenciado diversas guerras ou ter sido médico, ou também um revolucionário, ou diplomata que vão, numa ligação direta, ser o gesto originário de sua escrita ou criação.

A vida do artista, nesse sentido, fornece o necessário para sua criação. Quando Rosa aprende idiomas, desde a mais tenra infância, ou mesmo quando conta para si histórias, criando lugares geográficos e preenchendo-os com personagens, ou ao escutar os causos contados na mercearia de seu pai, bem como quando observa as boiadas chegando em sua cidade natal e encaminhando-se para os currais atrás da estação de trem, os livros que lia escondido, as estratégias de guerra criadas com seu amigo padre, ou ainda os livros lidos na biblioteca municipal, as ansiedades de médico no medo da perda dos pacientes, o teste no Itamarati bem como suas consequentes viagens pelo mundo. Tudo isso, seu entorno, e mais, tudo o quanto de uma maneira ou outra estiveram em contato com o autor marcaram-no com o que se poderia chamar de sua vida vivida. Essa vida vivida, ainda que não estabeleça o gesto criativo, faz parte de toda uma cultura instituída, que lhe servirá de motivo.

Podemos dizer ainda que essa vida vivida se estabelece a partir da relação do corpo com o mundo, assim

> A relação corpo-mundo é estesiológica: há a carne do corpo e a do mundo; há em cada um deles uma interioridade que se propaga para o outro numa reversibilidade permanente. (...) Corpo e mundo são um "campo de presença" onde emergem todas as relações da vida perceptiva e do mundo sensível. Há um *logos do mundo estético*, um campo de significações sensíveis constituintes do corpo e do mundo. É esse *logos do mundo estético* que torna possível a intersubjetividade como intercorporeidade, e que, através da manifestação corporal na linguagem, permite o surgimento do *logos cultural*, isto é, do mundo humano da cultura e da história. (CHAUI, 1980, p. XI)

A cultura instituída, tanto interna quanto externamente, como dissemos, não faz escrever, quando muito pode fornecer a história imóvel de fatos dados no correr dos tempos – isto é, a tradição –, o que pode auxiliar a caminhar pelo mundo, mas o que efetivamente lhe proporciona a possibilidade de criação originária, é a experiência.

Merleau-Ponty faz coincidir os termos experiência e iniciação, nesse sentido, no dizer de Chaui:

> A palavra *experiência* parece opor-se à palavra *iniciação*. De fato, a primeira, composta pelo prefixo latino *ex* - para fora, em direção a - e pela palavra grega *peras* - limite, demarcação, fronteira -, significa um sair de si rumo ao exterior, viagem e aventura fora de si, inspeção da exterioridade. A segunda, porém, é composta pelo prefixo latino *in* - em, para dentro, em direção ao interior - e pelo verbo latino *eo*, na forma composta *ineo* - ir para dentro de, ir em - da qual se deriva *initium* - começo, origem. *Iniciação* pertence ao vocabulário religioso de interpretação dos auspícios divinos no começo de uma cerimônia religiosa, donde significar: ir para dentro de um mistério, dirigir-se para o interior de um mistério. Ora, se o sair de si e o entrar em si definem o espírito, se o mundo é carne ou interioridade e a consciência está originariamente encarnada, não há como opor *experientia* e *initiacio* (...). Percebida, doravante, como nosso modo de ser e de existir no mundo, a experiência será aquilo que ela sempre foi: iniciação aos mistérios do mundo. (id. ibid, p. 161)

É a experiência que nos proporciona atravessar "a carapaça da cultura instituída e desnudar o originário de um mundo visível, sonoro e falante". A experiência, nesse sentido, nos franqueia o acesso aos mistérios do mundo, que se encontram para além da cultura instituída.

Podemos, ainda, dizer da experiência que "é algo que age em nós quando agimos, como se fôssemos agidos no instante mesmo em que somos agentes". Rosa, como se viu na biografia, aponta para o fato de sentir-se "falado pela linguagem que o empurra a escrever", muitas vezes, como vimos em suas cartas, ele narra que alguns de seus textos quase que caíram por sobre a sua cabeça, já prontos (como o conto *A terceira margem do rio*), em outros momentos nos conta que escreve como se estivesse "possuído", ou em outro momento diz que escreve como se estivesse "atuado".

Guimarães Rosa tem verdadeiro fascínio pelo mistério. Podemos ver nessa carta do autor a seu tradutor alemão, Curt Meyer-Clason, acerca do livro *Corpo de Baile*, o quanto sua concepção de mistério e experiência se aproxima da do filósofo francês:

> O *Corpo de Baile* tem de ter passagens obscuras. Isto é indispensável. A excessiva iluminação, geral, só no nível do raso, da vulgaridade. Todos os meus livros são simples tentativas de rodear e devassar um pouquinho o mistério cósmico, esta coisa movente impossível, perturbante, rebelde a qualquer lógica, que é chamada "realidade", que é a gente mesmo, o mundo, a vida. Antes o óbvio, que o frouxo. Toda lógica contém inevitável dose de mistificação. Toda mistificação contém boa dose de inevitável verdade. Precisamos também do obscuro. (RÓNAI, P.1973, p. XXI)

A experiência se dá não no "nível do raso", mas no fundo, ou seja, como diz o próprio Merleau-Ponty, ela é o fundo mesmo que sustenta a manifestação da própria experiência e esse fundo é por vezes figura e outras retorna a ser fundo, são reversíveis.

Assim, esse fundo jamais é alcançado, é presença e ausência ao mesmo tempo. E tampouco pode ser completo na medida mesma em que é uma presença que implica sua ausência, e uma ausência pede uma presença; assim, "se o fundo é... um vazio que pede preenchimento, ele é também, e simultaneamente, um excesso" (CHAUI, 2002, 166).

> (...) o que nos leva a buscar novas expressões é o excesso do que queremos exprimir sobre o que já foi expresso. A cultura sedimenta e cristaliza as expressões, mas o instituído carrega um vazio e um excesso que pedem nova instituição, novas expressões. (Id. ibid. p. 166.)

O excesso nos aponta para a multiplicidade das expressões que se engendram em si mesmas a partir de sua capacidade de significações, ou seja, as significações nunca cabem nos significantes, ou seja, sempre há um transbordamento. Sempre que se expressa um determinado algo, há um excesso de possibilidades significativas na expressão desse algo que é característico da própria linguagem.

> (...) a linguagem não está a serviço do sentido, nem todavia, o governa. Não há subordinação entre eles. Aqui ninguém manda nem obedece. O que *queremos dizer* não se mostra, fora de toda palavra, como pura significação. Não é senão o *excesso*

de que vivemos sobre o que já foi dito. Encontramo-nos com nossos recursos de expressão numa situação à qual é sensível, confrontamo-lo a ela e nossos dizeres não são senão o balanço final desse intercâmbio." (MERLEAU-PONTY, M. 1980, p. 175)

A linguagem desempenha papel preponderante na escrita de Guimarães Rosa, seu trabalho linguístico é exaltado muitas vezes como sua maior contribuição no contar histórias. Poderíamos dizer que este é um escritor babélico na medida em que aprende e apreende uma infinidade de línguas, pode-se dizer também, em última instância, que tanto para poder achar as raízes de seu próprio idioma quanto para tentar chegar a uma forma de linguagem que se depurasse de tudo o quanto vai carregando pelo caminho e buscasse seu ser mais puro, nesse sentido, convém pensar que Rosa não foi um revolucionário da língua, mas um conservador. Como nos diz o próprio autor,

> (...) eu preferiria que me chamassem de reacionário da língua, pois quero voltar cada dia à origem da língua, lá onde a palavra ainda está nas entranhas da alma, para poder lhe dar luz segundo a minha imagem. (LORENZ, G. 1994, p. 49)

Quanto mais se chega à linguagem pura, livre dos significados que a fizeram estancar em seu poder de sugerir novas e infinitas significações – como diz Merleau-Ponty, citando Mallarmé, "linguagem como moeda gasta que passa de mão em mão" –, mais se amplia as possibilidades de expressão dessa própria linguagem. Como nos aponta Rosa, referindo-se a um de seus métodos de criação linguística,

> (...) há meu método que implica na utilização de cada palavra como se ela tivesse acabado de nascer, para limpá-la das impurezas da linguagem cotidiana e reduzi-la a seu sentido original. (LORENZ, G. 1994, p. 46)

Há a linguagem cotidiana, do dia a dia, aquela de que nos valemos para a comunicação. Essa linguagem, que está a serviço da comunicação diária, sedimenta determinados sentidos em certas expressões, diminuindo assim o poder criador inerente às suas possibilidades expressivas.

Nesse sentido, pode-se pensar em dois níveis da linguagem, o primeiro relativo a essa fala cotidiana cujos significados não são muito cambiantes, já que ela deve ser mais pontual acerca do que expressa, ou seja, é uma fala que vai se constituindo quando de um diálogo, uma fala não pensada, não elaborada e que deve lidar com certa fixidez de suas significações, para que seu conteúdo seja expresso sem muitas possibilidades interpretativas.

Um segundo nível é aquele em que a linguagem está em sua forma mais criativa, como gesto inaugural, em que há estranhamento e nesse sentido um significante carrega em si múltiplas possibilidades de expressão, essa é a linguagem do poeta, do escritor. Linguagem carregada de significado. Acerca desses dois níveis Merleau-Ponty nos diria que:

> Num primeiro nível, as *palavras faladas* ou escritas não passam de simples sons ou marcas de tinta sobre o papel, e a comunicação se realiza como se não tivesse havido linguagem. O extremo de tal situação são os clichês, as palavras vazias, as frases-feitas, as palavras de ordem ditas maquinalmente. (...) Nessa linguagem bastante usual, pode-se dizer que o signo já está preestabelecido e que a própria linguagem já está "feita". Num segundo nível de reflexão sobre a linguagem, Merleau-Ponty elabora o conceito de *linguagem falante*, criativa concebida como "aquela na qual a intenção significativa se encontra em estado nascente". Nela se encontra a fala autêntica ou originária, a que nos surpreende e que pode chocar ou causar estranhamento. É a verdadeira palavra que traz consigo o poder de significar e passa a ser mais eloquente (ou mais expressiva) por estar "ausente" de toda comunicação corriqueira. Para Merleau-Ponty, essa palavra libera o sentido cativo na coisa. (CARMO, P. S., 2002, p. 114-5)

Quanto a esse primeiro nível, principalmente quando chega ao exagero dos clichês ou frases-feitas, Guimarães Rosa verdadeiramente abominava e estabelecia guerra aberta contra eles, como quando ao invés de utilizar, por exemplo, a frase "Estava a um palmo do meu nariz", escreve, "Estava a antenazal de mim a palmo", e como essa existe uma infinidade de expressões feitas que ele lança no campo do segundo nível, causando estranhamento e uma abertura aos possíveis significados, ele realiza assim uma espécie de "limpeza" da expressão que já se encontrava imobilizada pelo uso, lançando-a no âmbito da linguagem falante merleaupontyana. Linguagem falante essa que:

(...) é o falar criador; que surpreende, que pode causar estranhamento. Ela intervém na elaboração de um texto literário, poema ou filosofia: as palavras para o escritor, poeta ou filósofo são esculpidas ou polidas à exaustão. No caso do poeta, ele usa as palavras de modo não convencional, medita sobre elas, preocupa-se com sua raiz, trabalha com sua multiplicidade de sentidos ou redundância, sua sonoridade, dá-lhes polimento, criando, até mesmo, novos significados para conduzi-los ao extremo limite da expressão. (CARMO, P. S., 2002, p. 115)

Ora, Rosa despendeu boa parte de sua existência a, além de escrever, reescrever seus textos, haja vista a quantidade de modificações percebidas nas diversas edições de seus livros, a ponto de o próprio editor proibi-lo de realizar novas modificações, matrizando os tipos da impressão de *Sagarana*, por exemplo, como vimos em sua biografia. Para Rosa, o ideal era escrever um livro e reescrevê-lo pelo resto da vida ou, como ele mesmo diz, por pelo menos três gerações os filhos e netos deveriam continuar o processo de reescritura e correção.

Como a linguagem possui desvios, lacunas, silêncios, o escritor fica, num certo sentido, à mercê do que ele mesmo não sabe que disse e em geral busca dizer e se expressar de maneira que a linguagem sempre mantenha essa abertura às significações de forma a não se sedimentar em um sentido único e fechado, pois "Muitas vezes a linguagem diz decisivamente quando renuncia a dizer a coisa mesma" (MERLEAU-PONTY, 1960). O que o escritor procura fazer é, num certo sentido, buscar essa abertura na linguagem para que o não dizer possa se fazer dizer, e suscitar significações que apontem para outras possíveis, não permitindo que a língua se imobilize, se sedimente. Nunca se deve fazer justiça à palavra justa.

(...) o potencial expressivo de uma obra está no fato de ela ser capaz de falar muito mais do que aquilo que já foi dito. Há que se encontrar na obra literária (...) muito mais do que ideias; devem-se buscar "matrizes de ideias", que nos forneçam temas, pistas, ganchos, emblemas e interrogações, "cujo sentido não cessará nunca de se desenvolver", uma vez que a linguagem ultrapassa o que foi enunciado. Dessa maneira, em vez de apenas oferecer respostas já prontas, a obra desperta pensamentos e ideias que já estavam presentes em nós e incitam novas buscas. (CARMO, P.S. 2002, p. 124)

A obsessão de Rosa com as palavras justifica-se nessa intenção de abertura para as múltiplas significações permitidas pela linguagem. Nesse sentido, o escritor acaba praticamente por inventar um novo léxico, que traz em sua estrutura algo de familiar. Ao lermos seus livros, deparamo-nos com o estranhamento de expressões pouco ou nada usuais, porém essas expressões vibram em nós alguns significados que possibilitam o entendimento.

Sua forma de criar palavras contém em si as próprias chaves de sua leitura, os desvios, as dobraduras das palavras sobre si mesmas ao mesmo tempo em que nos lança no inusitado, deixa-nos a sensação de algo familiar, ele nos propõe várias camadas de significações e nos coloca na posição de arqueólogos que devem escavar essas significações, mas não em busca de um único significado, porém mantendo-se as próprias significações pelas quais se entrou em contato durante a escavação, já que cada camada se desdobra em novas significações possíveis.

A seriedade e a forma com que Rosa estabelece sua literatura bem como a implicação do autor com o gesto criativo é de tal maneira forte que nos leva a retornar ao ponto de partida ou seja a relação escritor-obra de arte.

> "Referindo-se a Cézanne, diz Merleau-Ponty: É certo que a vida não explica a obra, porém é também certo que se comunicam" (SNS, p.38). É na obra que se encontram traços da vida do artista; ele se inspira em suas próprias experiências. Para realizar sua liberdade ele se serve dos próprios obstáculos que o tolhem. Exprimindo para si aquilo que o atormenta ou o alegra, o pintor exprime-o também para outros. A transformação da situação dada numa nova situação mostra que "seu estilo não é o estilo de sua vida, mas esta o leva, por sua vez, à expressão". (CARMO, P.S. 2002, 135)

Como se dá essa comunicação entre a vida e a obra? A resposta é dada tanto na própria citação quanto em passagens anteriores quando falamos do gesto criativo em relação aos fatos cotidianos do artista.

Como vimos, uma obra se inicia por um gesto originário pré-reflexivo, a experiência criadora e uma falta que necessita de preenchimento

(...) sentido pelo sujeito como intenção de significar alguma coisa muito precisa e determinada, que faz do trabalho para realizar a intenção significativa o próprio caminho para preencher seu vazio e determinar sua indeterminação, levando à expressão o que ainda e nunca havia sido expresso. (CHAUI, M. 2002, p. 153)

Ou seja, para preencher essa lacuna, o autor busca significar algo e é por meio da realização dessa intenção significativa que ele se expressa, expressão que vai se valer de motivos, intrínsecos ao próprio autor, que são as experiências de sua vida vivida.

A partir do gesto criativo original, o artista, para se expressar, deve se valer da linguagem, mas não da linguagem cotidiana e usual, ainda que partindo dela, deve buscar o que há de estranhamento ou de ambíguo, e quanto mais se distanciar da linguagem cotidiana mais ele atribui significações a essa linguagem, possibilitando-se assim levar as expressões a seu grau mais elevado de possibilidades significativas.

Segundo Merleau-Ponty, lido por Chaui.

As condições iniciais do trabalho artístico são o monograma e o emblema de uma vida que se interpreta a si mesma livremente, tornando-se obra. A vida não explica casualmente a obra. Vida e obra se comunicam, e "a verdade é que *esta obra por fazer exigia esta vida por viver*". São uma só aventura. A obra revela o sentido metafísico da vida: não é destino nem absurdo, mas uma possibilidade geral para aquele que enfrenta o problema da expressão. (CHAUI, M. 2002, p. 173-4)

Nesse sentido, seria absurdo pensar em Drummond escrevendo *Grande sertão:* veredas, bem como Guimarães compondo *A Rosa do povo*, pois as obras por se fazerem exigem determinadas vidas específicas para se viverem e elas se concretizam apenas ao se realizarem como tais e tais.

Rosa não escreveu o que viveu, porém sua obra respondeu à sua vida na medida em que a "obra de arte não é efeito das condições dadas, mas *resposta* a elas, por isso é enraizamento e ultrapassamento..." (id. ibid. p. 175)

E no dizer de nosso autor:

> Legítima literatura deve ser vida. Não há nada mais terrível que uma literatura de papel, pois acredito que a literatura só pode nascer da vida, que ela tem de ser aquilo que eu chamo "compromisso do coração". A literatura tem de ser vida! O escritor deve ser aquilo que ele escreve. (LORENZ, G. 1994, p. 48)

CONSIDERAÇÕES FINAIS

Diante das questões iniciais acerca dos processos de criação em relação à vida e engendramento da obra do escritor, optamos por estabelecer uma biografia que nos mostrasse a vida e talvez permitisse uma certa apreensão da forma como esse autor poderia dispor de um arcabouço de possibilidades para criar e como essa criação estaria fazendo juz a essa vida.

Inicialmente, vimo-nos às voltas com a legitimidade de se fazer uma biografia e essa mesma ser "representativa" (ou, melhor, seria "apresentativa") do autor e não apenas uma simples criação de um personagem estabelecida pelo criador da biografia, questão essa que acreditamos ter sido devidamente justificada por Merleau-Ponty.

A escrita da biografia colocou-nos em contato com o que, posteriormente, como vimos em Merleau-Ponty, iríamos pensar como o instituído, a cultura, que seria uma espécie de lastro, o qual possibilitaria o motivo da criação rosiana.

Porém, o que estaria na base da criação de Guimarães Rosa, ou melhor o que seria originário em sua criação, encontra-se, como desenvolvido no capítulo *Esta obra por fazer exigia esta vida por viver*, em um gesto criativo que estaria num âmbito pré-reflexivo.

Não citamos a obra e tampouco fizemos referência a essa, salvo em algumas exceções, por estarmos enfocando a criação a partir desse gesto criativo, que se encontrará efetivado no conjunto de seu trabalho como escritor e artista.

É redundante falar da originalidade bem como da profundidade da obra de Guimarães Rosa, porém o que pouco se buscou, e que é o motivo desse trabalho, é o gesto criativo inicial, o "quem" da criação. Esse gesto inicial, originário, nos foi aclarado por Merleau-Ponty, que nos serviu de base para a análise que se seguiu após a biografia do nosso autor.

Para concluir, só nos resta dizer, à la Rosa, que Merleau-Ponty também era um sertanejo, pois só um sertanejo teria acesso aos mistérios que envolvem a criação.

BIBLIOGRAFIA CONSULTADA

AGAMBEN, G. *Profanações*. São Paulo, Boitempo Editorial, 2007.

ALMEIDA, G. "Parecer sobre *Magma*". In *Em memória de João Guimarães Rosa*. Rio de Janeiro, José Olympio Editora, 1968.

ARISTÓTELES. *Poética*. São Paulo, Nova Cultural, 1987. (Col. Os Pensadores)

BAKHTIN, M. *Questões de Literatura e de Estética* (A teoria do romance). 4 ed. São Paulo, Unesp/Hucitec, 1998.

BARTHES, R. *O rumor da língua*. São Paulo, Martins Fontes, 2004.

BLACKBURN, S. *Dicionário Oxford de Filosofia*. Rio de Janeiro, Jorge Zahar Editor, 1997.

BLANCHOT, M. *O espaço literário*. Rio de Janeiro, Rocco, 1987.

———. *O livro por vir*. São Paulo, Martins Fontes, 2006.

———. *A conversa infinita*- 1: A palavra plural (Palavra de escrita). São Paulo, Escuta, 2001.

BOURDIEU, P. "A ilusão biográfia". Em BOURDIEU, P. *Razões práticas: sobre a teoria da ação*. Campinas, Papirus, 1996.

BORGES, J. L. *O fazedor*. São Paulo, Globo. 3 vol.

BRAIT, B. *Guimarães Rosa*. São Paulo, Nova Cultural, 1988. (Col. Literatura comentada)

———. *A personagem*. 3. ed. São Paulo, Ática, 1987.

CANDIDO, A. *Tese e Antítese*. São Paulo, Companhia Editora Nacional, 1964.

———. *A educação pela noite e outros ensaios*. São Paulo, Ática, 1987ª. (Série Temas vol. 1)

———. (org.) *A personagem de ficção*. São Paulo, Perspectiva, 1987.

CARMO, P.S. do. *Merleau-Ponty*: uma introdução. São Paulo, Educ, 2002.

CHAIA, M. "Biografia: método de reescrita da vida". In HISGAIL, F. *Biografia: sintoma da cultura*. São Paulo. Hacker ed ./Cespuc, 1996. (Col. Psicanálise e Conexões)

CHAUI, M. de S. *Da realidade sem mistérios ao mistério do mundo*. (Espinosa, Voltaire, Merleau-Ponty*)*. 2. ed. São Paulo, Brasiliense, 1981.

CHAUI, M. de S. *Experiência do pensamento*. Ensaios sobre a obra de Merleau-Ponty. São Paulo, Martins Fontes, 2002.

CHAUI, M. de S. "Merleau-Ponty. Obra de arte e filosofia." In: *Artepensamento*. São Paulo, Companhia das Letras, 2006.

COSTA, A.L.M. "Veredas de Viator" In *Cadernos de Literatura Brasileira. João Guimarães Rosa*. São Paulo, Instituto Moreira Salles, 2006.

CRUZ, N. *No longe dos Gerais*. São Paulo, Cosac & Naif, 2004.

DANTAS, P. *Sagarana emotiva*. Cartas de J. Guimarães Rosa. São Paulo, Livraria Duas Cidades, 1975.

FOUCAULT, M. A escrita de si. In.:*O que é um autor?* 3 ed. Portugal, Vega/ Passagens, 1992.

———. *As palavras e as coisas*.Uma arqueologia das ciências humanas. São Paulo, Martins Fontes, 1987.

———. *A ordem do discurso*. 4 ed. São Paulo, Edições Loyola, 1998. (Col. Leituras Filosóficas)

———. *Resumo dos cursos do Collège de France (1970-1982)*. Rio de Janeiro, Jorge Zahar Ed., 1997.

GOLDENBERG, R. "A história do fim da análise". In.: HISGAIL, F (Org.). *Biografia:* sintoma da cultura. São Paulo, Hacker Editores/ Cespuc, 1996. (Col. Escrita & Ensaio).

GUIMARÃES, V. *Joãozito*: a infância de Guimarães Rosa. São Paulo, Panda Books, 2006.

HEIDEGGER, M. *Sobre a essência da verdade*. São Paulo, Nova Cultural, 1983. (Col. Os Pensadores)

______. *Arte y poesia*. México, Fondo de Cultura Económica, 1997.

HISGAIL, F (Org.). *Biografia:* sintoma da cultura. São Paulo, Hacker Editores/ Cespuc, 1996. (Col. Escrita & Ensaio).

LEJEUNE, Ph. Le pacte autobiographique. *Poétique:* revue de théorie et d'analyse littéraires, n.14, 1973, p.137-162.

LIMA, G.F. de. "O homem Guimarães Rosa – Última semana de Rosa". In *Em memória de João Guimarães Rosa*. Rio de Janeiro, José Olympio Editora, 1968.

LORENZ, G. "Diálogo com Guimarães Rosa". In *João Guimarães Rosa*. Ficção completa. Rio de Janeiro, Nova Aguilar, 1994.

MADELÉNAT, D. *La biographie*. Paris, PUF, 1984. (Col. Littératures modernes)

MERLEAU-PONTY, M. *Signes*. Paris, Gallimard, 1960. (Col. Folio/Essais)

———. *O visível e o invisível*. São Paulo, Perspectiva, 1971.

———. *Textos escolhidos*. São Paulo, Abril Cultural, 1980. Col. Os pensadores. (Org. e notas: Marilena de Souza Chaui)

———. *El ojo y el espiritu*. Buenos Aires, Ediciones Paidos, 1986.

MERLEAU-PONTY, M. *Fenomenologia da Percepção*. São Paulo, Martins Fontes, 1999.

———. *A prosa do mundo*. São Paulo, Cosac & Naify, 2002.

MEZAN, R. *Escrever a clínica*. São Paulo, Casa do Psicólogo, 1998.

———. "O estranho caso de José Matias". In NOVAIS, A. (org.) *O desejo*. São Paulo, Companhia das Letras, [Rio de Janeiro]: Funarte, 1990.

MORA, J. F. *Diccionario de Filosofía de Bolsillo*. Madrid, Alianza Editorial S.A., 1989.

PEREZ, R. "Perfil de João Guimarães Rosa. In *Em memória de João Guimarães Rosa*. Rio de Janeiro, José Olympio Editora, 1968.

PIGNATARI, D. "Para uma semiótica da biografia". In HISGAIL, F. *Biografia: sintoma da cultura*. São Paulo. Hacker ed./Cespuc, 1996. (Col. Psicanálise e Conexões)

RAMOS. G. "Conversa de bastidores". In *Em memória de João Guimarães Rosa*. Rio de Janeiro, José Olympio Editora, 1968.

ROCHA, L.O.S. *João Guimarães Rosa*. Belo Horizonte, Imprensa da UFMG, 1981.

RÓNAI, P. *Seleta de João Guimarães Rosa*. Rio de Janeiro, José Olympio Editora, 1973.

———. *Rosiana*: uma coletânea de conceitos, máximas e brocardos de João Guimarães Rosa. Rio de Janeiro, Salamandra Consultoria Editorial, 1983.

ROSA, J.G. *Edições Obra Completa*. Rio de Janeiro, Aguilar. 1994

ROSA, J.G. *Primeiras histórias*. Rio de Janeiro, Nova Fronteira, 2001.

———. *Sagarana*. Rio de Janeiro, Nova Fronteira,1946/2006. Ed. Comemorativa.

———. *Corpo de baile*. Rio de Janeiro, Nova Fronteira,1956/2006. Ed. Comemorativa.

———. *Grande sertão:* veredas. Rio de Janeiro, Nova Fronteira,1956/2006. Ed. Comemorativa.

———. *Estas estórias*. Rio de Janeiro, Nova Fronteira, 1969.

———. *Tutaméia (Terceiras histórias)*. Rio de Janeiro, Nova Fronteira, 1967

ROSA, V. G. *Relembramentos*: João Guimarães Rosa, meu pai. 2. ed. Rio de Janeiro, Nova Fronteira, 1999.

VVAA. *Em memória de João Guimarães Rosa*. Rio de Janeiro, José Olympio Editora, 1968.

VVAA. *Cadernos de Literatura Brasileira. João Guimarães Rosa*. São Paulo, Instituto Moreira Salles, 2006.

Grupo
Editorial
LETRAMENTO